MON P'TIT CAHIER COMMUNICATION BIENVEILLANTE

LAURA SCHAFFNER

ILLUSTRATIONS
DJOÏNA AMRANI (INTÉRIEUR)
ISABELLE MAROGER (COUVERTURE)

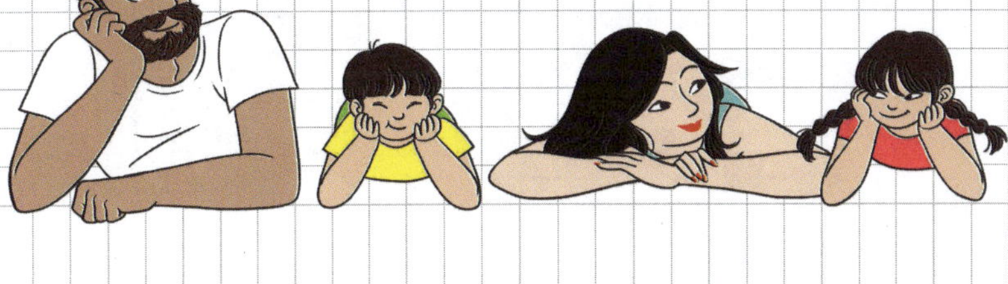

SOLAR ÉDITIONS

SOMMAIRE

Introduction

Bien sûr, on aimerait que la communication avec son enfant soit simple et naturelle, qu'elle ne mérite même pas qu'on y réfléchisse. Malheureusement, vous constatez qu'en répétant les modes de communication que vous connaissez, vous et votre enfant ne vous comprenez pas toujours très bien. Les conflits éclatent, les non-dits s'accumulent : soit vous imposez, soit vous vous taisez. Et, au final, votre relation s'en trouve affectée.

La communication bienveillante a une autre ambition : celle de prendre soin de vous et de votre enfant, en même temps ! Elle vous aide à vous recentrer sur l'essentiel : respecter les besoins de chacun et cultiver la qualité de votre relation. Comment ? En apprenant à vous écouter l'un l'autre, et à respecter vos limites respectives tout en développant un climat de coopération.

Changer votre communication n'aura pas le pouvoir de tout changer, mais cela vous invite à revoir votre regard sur vous-même et sur votre enfant, et c'est cela qui peut faire la différence !

Tous les parents souhaitent aider leur enfant à grandir en confiance, à trouver sa place dans le monde d'aujourd'hui et de demain. Cela commence ici et maintenant, et vous êtes son premier modèle. Alors, pour connaître toutes les clés de la communication bienveillante, suivez le guide !

Test : comment communiquez-vous avec votre enfant ?

Vous utilisez peut-être déjà une communication bienveillante, volontairement ou sans même le savoir. Ce petit test vous aidera à vous situer sur le chemin de la communication bienveillante !

Au retour d'un après-midi chez son ami, votre enfant vous dit que son ami Léo n'a pas voulu lui prêter son nouveau jeu. Il est vraiment en colère. Vous lui répondez :

- «Je vois ! Veux-tu qu'on aille un peu courir au parc et qu'on en parle après ?»
- «Ah bon ? Oh, c'est juste un jeu ! Il t'en a sûrement prêté d'autres, non ?»
- «Ah, peut-être qu'il y tenait beaucoup. Toi non plus, tu n'aimes pas prêter tes affaires !»

Le dîner est servi. À ce moment-là, votre enfant :

- … joue. Ça risque d'être la guerre pour qu'il s'arrête.
- … sait que vous avez besoin d'aide et a mis le couvert avec vous.
- … arrive, laissant ses jeux en désordre. Tant pis, vous rangerez après le repas.

Au parc, votre enfant en pousse un autre qui était sur la balançoire. Vous intervenez :

- «C'est interdit, de pousser ! On rentre tout de suite ! On n'ira plus au parc si tu continues comme ça, tu m'entends ?»
- «Je ne suis pas du tout d'accord avec ce comportement ! Je ne veux pas te laisser pousser un enfant et risquer de lui faire mal. Tu peux pousser ce tourniquet en attendant que la place se libère. Si c'est trop difficile pour toi d'attendre, on peut aussi rentrer !»
- «C'est n'importe quoi ! J'ai vraiment honte ! On part tout de suite !»

Vous avez besoin d'aller chez le médecin pour votre fille. Vous prévenez son grand frère…

- … juste avant : «Je dois emmener Alice chez le docteur pour un petit contrôle de routine.»
- … sur le coup : «Allez, c'est parti, on va chez le docteur ! On se dépêche, sinon on sera en retard !»
- … un peu avant : «J'ai besoin d'emmener Alice voir le docteur pour qu'il vérifie que tout va bien.

Je ne peux pas encore te laisser seul à la maison. Est-ce que tu voudrais emporter un petit jeu avec toi pour t'amuser là-bas ? »

Vous cuisinez ensemble. En vous retournant, vous découvrez de la farine répandue sur le sol.

- ☆ Vous vous éloignez un moment puis revenez nettoyer en ronchonnant.
- 🍃 Vous explosez : « Non mais, c'est quoi ce bazar ? Il y en a partout ! Ce n'est pas possible d'être aussi maladroit ! »
- ☼ Vous dites : « Ah non, je suis trop en colère de voir toute cette farine par terre ! J'avais tout nettoyé et j'ai vraiment besoin que la cuisine soit propre. Peux-tu ramasser, maintenant ? »

Le matin, pour partir à l'heure :

- 🍃 Vous avez beau lui répéter de se dépêcher, ça n'avance pas. À croire qu'il devient sourd à 8 h 15 !
- ☼ Ses chaussures et son manteau sont à sa portée, et il vous demande de l'aide s'il en a besoin.
- ☆ Il est habitué à ce que vous l'habilliez.

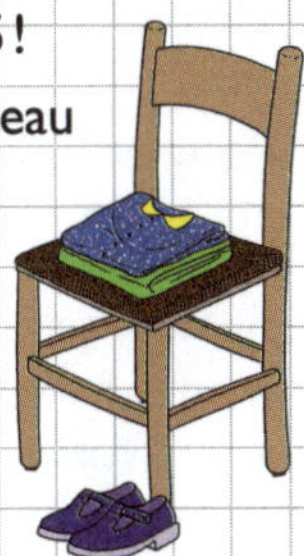

En plein milieu des courses, c'est la crise. Votre enfant se jette au sol et hurle. Il veut CE paquet de gâteaux ! Vous vous mettez à sa hauteur et...

- 🍃 ... vous lui demandez d'arrêter immédiatement sa comédie et sortez le plus vite possible.
- ☆ ... vous lui dites que vous n'êtes pas d'accord, mais, ne trouvant pas d'autre moyen de le calmer, vous cédez et achetez le paquet en râlant.
- ☼ ... avec calme, vous le regardez ou le prenez dans vos bras, puis lui demandez s'il a faim ou s'il veut ces biscuits pour une autre raison.

Votre enfant se réveille parfois la nuit et vous êtes fatigué. Pendant la journée, vous en parlez avec lui :

- ☆ « Je vois que tu as envie d'être avec nous mais ce n'est pas possible. Tu es grand maintenant. Je suis sûr que tes copains dorment très bien dans leur lit ! »
- ☼ « Ce n'est pas drôle pour toi de te réveiller et d'être seul dans ton lit. En même temps, j'ai besoin de dormir pour être en forme. Qu'est-ce qui t'aiderait à te rendormir calmement ? »
- 🍃 « C'est la dernière fois que tu me réveilles la nuit, c'est compris ? »

Votre enfant vient de réussir à enfiler son manteau seul après plusieurs tentatives. Votre réaction :

- 🍃 « Ah, enfin ! »
- ☆ « Bravo ! Je suis fier de toi ! »
- ☼ « Je vois comme tu as persévéré pour y arriver tout seul ! Et de mon côté je peux me préparer plus calmement, je me sens fier et aussi soulagé ! »

Faites les comptes !

🍃	☆	☼

Vous avez une majorité de : *vous allez droit au but... mais êtes parfois trop directif*

Pour vous, bien communiquer, c'est être clair, direct et concis, même avec un enfant. Vous utilisez le plus souvent la méthode forte, car être parent c'est aussi diriger le vaisseau familial. Mais vous constatez que cette méthode a ses limites ; votre enfant n'est pas toujours réceptif à votre stratégie et vous ramez pour le faire obéir. Si vous cherchez des solutions qui correspondent à vos valeurs de respect, d'écoute et de partage, sans pour autant vous laisser marcher sur les pieds, bienvenue ! Vous allez découvrir les bienfaits d'une communication qui vous permettra d'affirmer vos besoins tout en écoutant ceux de votre enfant.

Vous avez une majorité de : *vous êtes convaincu, mais n'avez pas encore tous les outils*

Pour vous, communiquer est avant tout un art relationnel. Vous êtes conscient de l'importance de l'écoute et de la bienveillance, et soucieux d'avoir une belle relation avec votre enfant. Vous essayez donc de le comprendre et de lui accorder votre temps et votre écoute. Malgré cela, vous avez l'impression que cela ne fonctionne pas toujours et vous vous demandez même si vous ne devriez pas être plus ferme ou faire les choses autrement. Entre le stress, les conseils de toutes parts et votre intuition, vous avez parfois du mal à vous y retrouver. Plus d'inquiétude, les solutions existent. Par ici les idées !

Vous avez une majorité de : *la communication bienveillante n'a plus de secret pour vous !*

Pour vous, bien communiquer, c'est trouver le juste équilibre entre vous exprimer avec sincérité et écouter votre enfant avec empathie. Vous avez déjà de nombreux outils à votre disposition et, la plupart du temps, vous savez comment les utiliser. Les livres de pédagogie et méthodes bienveillantes ont peut-être la part belle dans votre bibliothèque. Vous savez déjà que la relation avec votre enfant est l'une de vos plus belles responsabilités.

Chapitre 1

À la découverte de la communication bienveillante

D'où vient la communication bienveillante ? Comment ça marche ? Est-ce vraiment bon pour mon enfant ? Découvrez pourquoi votre façon de communiquer façonne votre relation, et comment la communication bienveillante peut vous aider à comprendre votre enfant, mais aussi à vous faire (mieux) comprendre !

De quoi parle-t-on ?

Communiquer, c'est transmettre, faire passer un message, en recevoir un… et vous le faites en permanence ! Pour « bien-veiller » sur votre enfant, vous cherchez à communiquer et à agir de la façon la plus bénéfique possible à son développement. C'est-à-dire prioriser ce qui va l'aider à grandir en confiance, comme accepter ses ressentis, lui apprendre à répondre à ses propres besoins pour gagner en autonomie, s'intégrer au collectif, tenir compte des autres. Comment ? En instaurant entre vous une relation de confiance pour coopérer tout en respectant l'intégrité de chacun.

La communication bienveillante repose sur deux principes clés :
- J'exprime de façon honnête mes propres ressentis.
- J'écoute mon enfant de façon respectueuse et empathique.

L'arrivée de la bienveillance dans l'éducation des enfants

La vision positive de l'homme

La communication bienveillante est née du courant humaniste qui propose une vision positive de l'homme. Initié à la Renaissance en Europe, ce mouvement s'étend aux États-Unis, dans les années 1960, notamment grâce aux psychologues américains Carl Rogers et Abraham Maslow. Pour eux, l'être humain cherche à répondre à des besoins d'intégrité (respect de sa propre personne et de ses valeurs) autant qu'à des besoins de solidarité et d'attachement. Ce qui le pousse naturellement à coopérer. La paix d'une communauté repose alors sur l'équilibre que chacun recherche entre se protéger et coopérer. À l'inverse, s'adapter trop bien ou se montrer trop rigide sont des attitudes qui déclenchent des comportements agressifs.

Les deux conditions d'une bonne coopération :
- → La « non-directivité » : née sous l'influence de Carl Rogers, qui l'utilisait en thérapie, elle implique de laisser à l'autre la pleine liberté de s'exprimer sans qu'il soit dirigé ni influencé.
- → La réciprocité : il est nécessaire que chacun trouve un ou plusieurs intérêts dans la coopération en question.

L'enfant est une personne à part entière…

Dès sa naissance, votre bébé est un individu qui mérite votre respect et votre attention. Si cette idée semble évidente aujourd'hui, c'est seulement dans les années 1960 que l'on a commencé à reconnaître les capacités physiques et mentales des nourrissons, notamment grâce aux travaux de la pédiatre hongroise Emmi Pickler. Ils ne sont plus perçus comme un « bout » d'être qui ne fait que manger et remplir sa couche… on progresse ! Au même moment, en France, la pédiatre et psychanalyste Françoise Dolto entre dans les foyers en vulgarisant les pensées psychanalytiques autour du petit enfant, réaffirmant que le bébé est un être humain comme les autres, avec une âme sensible, qui a besoin d'amour et de bienveillance. Les modèles basés sur la domination et l'autorité, visant l'obéissance et l'intégration rapide au collectif, commencent à être écartés.

L'enfant est un petit être… coopératif

La faculté de coopération n'est pas réservée aux adultes. Daniel Stern, pédopsychiatre américain de la fin du XXe siècle, montre l'élan instinctif de l'enfant à coopérer. Et pour une raison évidente : il cherche à s'adapter et à s'accorder à son entourage. Vous avez sûrement déjà vu un enfant aider spontanément, par exemple en ramassant quelque chose. L'enfant coopère de bon cœur, tant que cela ne va pas trop ou trop souvent à l'encontre de son intégrité, de ses propres besoins. En cherchant un équilibre et en veillant à ne pas exiger « trop de coopération » de la part de votre enfant, vous l'aidez à développer cet élan coopératif inné.

L'enfant est un petit être… empathique

Nous savons que le cerveau est un organe « plastique », c'est-à-dire qu'il se modifie constamment. Plus nous vivons d'expériences similaires, plus notre cerveau les grave profondément. C'est un peu comme ouvrir un sentier en forêt : plus il est emprunté, plus il devient marqué et dégagé. À l'inverse, les voies les moins empruntées sont plus difficiles d'accès. C'est encore plus vrai pour les enfants, chez qui la plasticité du cerveau est importante. Les situations qui font appel à leur logique, à leur créativité, au langage, etc., développent leurs capacités cérébrales. Mais ce qu'on apprend, notamment grâce aux neurosciences, c'est qu'un environnement respectueux et empathique est fondamental : si l'enfant est en situation de stress et de peur, il lui sera impossible, ou presque, de développer ou de recourir à ses capacités (voir p. 27). L'empathie n'est donc pas seulement un nouveau mot à la mode, c'est aussi la clé pour bien grandir !

Considérer les conflits comme des opportunités
Le Dr Daniel J. Siegel, considéré comme l'un des spécialistes mondiaux du cerveau de l'enfant, diplômé de Harvard et professeur de psychiatrie à l'université de Los Angeles, soutient que grâce à l'écoute et à l'empathie, les moments de crise et de conflit peuvent être transformés en opportunités pour mieux se comprendre. En décodant le fonctionnement du cerveau des enfants, les parents peuvent non seulement adapter leurs attentes mais aussi faire appel aux « bonnes » régions cérébrales pour favoriser les réactions réfléchies et responsables chez leurs enfants (voir p. 26).

Il n'est (presque) jamais trop tard !

La bonne nouvelle c'est que, grâce à cette grande plasticité cérébrale, il est plus facile, pendant l'enfance, d'estomper certains « traumatismes », comme l'explique la pédiatre française Catherine Gueguen. Attention, cela reste possible seulement si les expériences marquantes ne sont pas fréquentes, ni prolongées.

Connaître ces gestes et attitudes qui marquent les enfants

On appelle violences éducatives ordinaires (VEO) toutes les violences physiques, souffrances morales et formes d'humiliation infligées aux enfants à titre éducatif. Elles englobent donc les moqueries, les cris et les injures, et autres violences psychologiques, telles que l'exclusion (isoler un enfant pour qu'il se calme), les humiliations verbales (« Tu es tellement maladroit ! Tu manges comme un bébé ! »), les menaces (« Si tu ne fais pas ça, je vais… ! », les contraintes physiques (empêcher un enfant de se déplacer en le forçant à rester dans la poussette plus que nécessaire). Ces gestes, attitudes ou commentaires ont un impact négatif sur le développement cérébral, psychologique et affectif. En France, la première loi sur l'interdiction des violences éducatives ordinaires a été promulguée le 10 juillet 2019 (*Journal officiel* du 11 juillet 2019).

Changer notre façon de communiquer : la naissance de la communication bienveillante

Ça y est, on s'est enfin accordés sur la nécessité d'être bienveillant et empathique avec les enfants ! Mais concrètement, comment ça marche ?

Des premiers ateliers de communication aux États-Unis…

Les premiers ateliers de communication en famille ont été développés par Thomas Gordon dans les années 1970. Ils étaient basés sur les principes d'écoute active de l'enfant, d'affirmation de soi et de recherche de solutions gagnant-gagnant. L'écoute active implique que l'on porte notre attention sur ce que vit notre enfant plutôt que sur notre interprétation de la situation, par exemple en le questionnant et en reformulant ses propos pour vérifier que nous avons bien compris. Une dizaine d'années plus tard, Adele Faber et Elaine Mazlish se sont inspirées des travaux du psychologue américain Haim Ginott, pour réunir des parents et partager de bonnes pratiques éducatives. Les ateliers Faber & Mazlish sont fondés sur deux principes essentiels : être à l'écoute des sentiments de l'enfant et chercher à comprendre ses besoins. En mars 2020, suite à un partenariat mené avec l'Unesco à l'initiative de la Ligue mondiale pour le droit au bonheur, l'approche Faber et Mazlish a été reconnue véhicule de paix et de bonheur dans le domaine de l'éducation et des rapports humains.

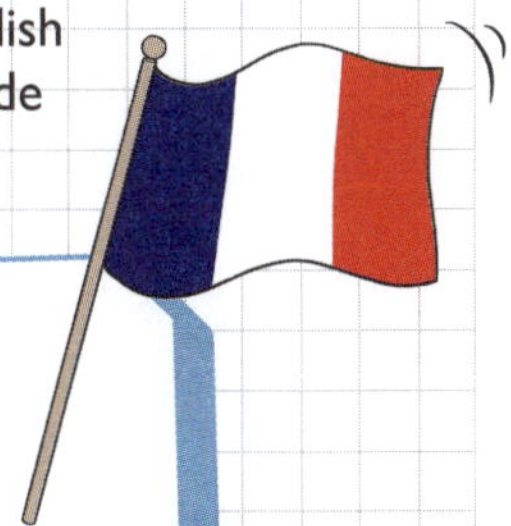

Et ça continue en France...
Isabelle Filliozat, psychothérapeute, propose des ateliers et conférences pour apprendre à agir de façon adaptée aux capacités et besoins spécifiques des enfants. Qu'ils crient, boudent ou frappent, ils ont toujours une bonne raison de se comporter comme ils le font... et, encore une fois, la meilleure façon de les aider commence par changer de regard, en leur apportant l'empathie et la sécurité affective, qui sont essentielles et indispensables.

... à la Communication NonViolente® (CNV)

Toujours dans les années 1970, Marshall Rosenberg, élève de Carl Rogers, développe le concept de Communication NonViolente®. Faisant référence au mouvement pacifiste de Gandhi, il affirme qu'une relation saine est basée sur la compréhension des sentiments et des besoins de chacun. Comment y parvenir? En abandonnant les jugements moralisateurs et en développant nos capacités à expliquer à notre enfant en quoi son comportement est en harmonie ou en conflit avec nos propres besoins. Il part du principe qu'il n'y a ni bien ni mal absolu. Chacun est ainsi remis au centre et à la source de ses propres ressentis et besoins, ce qui permet de sortir des jugements extérieurs, du sentiment de devoir ou de la culpabilité forcée. La Communication NonViolente®, que l'on peut aussi qualifier de bienveillante, est née!

Les 4 étapes clés à retenir

Créateur de la Communication NonViolente® Marshall B. Rosenberg nous invite à nous exprimer «avec notre cœur», en conciliant deux attitudes : exprimer nos besoins avec sincérité et être empathique envers notre enfant. Pour cela, il propose de suivre 4 étapes clés :

- → Observer la situation sans rester campé sur nos positions.
- → Exprimer nos sentiments ou écouter les sentiments de notre enfant.
- → Comprendre le besoin non satisfait qui a pu engendrer ce sentiment.
- → Chercher des solutions pour répondre à ce besoin.

Sur le papier, vous validez, mais dans la réalité cela vous semble compliqué à appliquer ? Quel est le lien entre un sentiment et un besoin ? Les enfants ont-ils vraiment des besoins si différents des adultes ? Existe-t-il toujours des solutions pour combler mes besoins et ceux de mon enfant en même temps ? D'accord pour écouter ses sentiments, mais est-ce que ça ne va pas l'encourager à se plaindre sans arrêt ? Vous trouverez toutes les réponses dans les chapitres suivants ! En attendant, voici quelques exemples concrets pour appliquer les 4 étapes clés de la communication bienveillante.

Aider votre enfant à s'exprimer	**Vous exprimer pour être compris**
L'idée principale à retenir	
Je t'encourage à dire comment tu te sens, je t'aide à exprimer tes sentiments si besoin et je t'écoute avec empathie.	Je dis honnêtement comment je me sens, sans faire de reproche ni de critique.
1. Observation	
Je décris les actions concrètes que tu observes (vois, entends, imagines, dont tu te rappelles…), sans y mettre tes évaluations : *« Tu n'as pas retrouvé ton stylo après avoir cherché dans toute la maison ! »* au lieu de : *« Tu es sûr(e) d'avoir bien cherché ? »* ou *« Ça ne m'étonne pas, tu laisses toujours traîner tes affaires ! »*.	Je décris les actions concrètes que j'observe (vois, entends, imagine, dont je me rappelle…) sans y mettre mes évaluations : *« Je vois une de tes chaussettes par terre. C'est la troisième chose qui n'est pas à sa place ce soir… »*, au lieu de *« Tu ne ranges rien ! »* ou *« Tes affaires traînent partout ! »*, ou *« Tu me prends pour la bonne ? »*. 

Aider votre enfant à s'exprimer	Vous exprimer pour être compris
2. Sentiments	
 Je formule comment tu te sens (sensations ou émotions plutôt que pensées) face à ce que tu observes : *«Je vois tes larmes. Tu te sens vraiment triste, n'est-ce pas?»,* au lieu de : *«Allez, ne pleure pas, ce n'est rien!» ou «Tu en as d'autres, des stylos!».*	J'exprime comment je me sens (sensations ou émotions plutôt que pensées) face à ce que j'observe : *«Je me sens en colère et découragée!»,* au lieu de *«Tu m'énerves» ou encore «Tu te moques vraiment de moi!».*
3. Besoins	
Je nomme le besoin, la valeur, le désir, l'attente ou la pensée qui fait naître ce sentiment : *«Tu as besoin d'écrire quelque chose avec ce stylo-là? C'est important pour toi de savoir où sont rangées tes affaires»,* au lieu de *«Tu as besoin de mieux ranger ou de faire plus attention!».*	Je dis quel besoin, valeur, désir, attente ou pensée a fait naître chez moi ce sentiment : *«Parce que j'ai besoin d'ordre dans notre maison et aussi de respect...»* au lieu de *«J'ai besoin que tu ranges!».*
4. Demandes	
Je propose avec empathie des actions concrètes que tu souhaiterais : *«Voudrais-tu que je t'aide à chercher maintenant, ou préfères-tu qu'on trouve un autre stylo pour l'instant?»*	Je demande clairement les actions concrètes que je souhaiterais : *«Serais-tu d'accord pour que je te prévienne cinq minutes avant le dîner afin que tu aies le temps de ranger tes affaires?»*

C'est bon pour toute la famille car...

... votre enfant se sent écouté, compris et respecté

Accueillir les sentiments de votre enfant et chercher à comprendre ses motivations, c'est lui envoyer comme message : « Tu es en sécurité. Tu peux avoir confiance en nous. Nous voulons te connaître. Nous t'aimons tel que tu es. » Quelle plus belle preuve d'amour inconditionnel pouvez-vous lui donner ? De son côté, il pourra penser : « Je fais confiance à ce que je ressens, je peux l'exprimer sans peur, mes besoins sont légitimes et mes parents m'aident à trouver des solutions pour que je me sente bien. » Pas mal, non ? En verbalisant vous-même vos sentiments et besoins sans violence, vous lui montrez que se mettre à nu, se montrer vulnérable n'est pas dangereux, et, surtout, que cela permet de tisser des liens forts et de nouer des relations sincères et profondes.

... l'empathie booste le développement de son cerveau

Plus votre enfant se sent respecté, plus son cortex préfrontal se développe harmonieusement. Cette zone est le siège des différentes fonctions cognitives dites supérieures, tels que le langage, la mémoire de travail, le raisonnement, la planification, le sens de l'humour ou encore l'empathie. Au contraire, quand un enfant subit une violence physique ou psychologique, son hippocampe est inondé de cortisol, l'hormone du stress et de la peur, qui à hautes doses peut détruire des neurones. Par exemple, si pendant les devoirs vous criez sur votre enfant qui traîne pour résoudre une opération toute simple, c'est contre-productif : un enfant qui a peur est incapable de raisonner ou d'apprendre.

... les parents en bénéficient aussi !

De votre côté, gérer des situations de crise plusieurs fois par jour, répéter le même ordre dix fois, décider de tout, tout le temps, c'est exténuant. On crie et on s'agace souvent parce qu'on n'a ni le temps ni les outils pour faire autrement. La première bonne nouvelle, c'est que la Communication NonViolente®, ça s'apprend (et facilement : poursuivez la lecture !), et la seconde, c'est que vous allez même gagner du temps ! En plus de cela, la communication bienveillante vous permettra d'exprimer vos sentiments (oui, vous avez le droit d'être fou de rage ou anéanti !), de gagner le respect de votre enfant (il vous écoute parce qu'il le choisit, et non par peur ou pour la récompense), d'alléger votre charge mentale en responsabilisant votre enfant, d'affronter les conflits et désaccords dans le respect de chacun et de définir des limites qui ont un sens car elles répondent à vos besoins familiaux.

… un climat de confiance dans l'écosystème familial s'installe

Dès lors que vous instaurez une communication bienveillante avec votre enfant, vous comprenez que vous pouvez créer des relation sans rapports de force, critiques ou menaces. La famille est affaire de relations et vous êtes, en tant qu'adulte, responsable de la qualité de ces relations. Elles participent à la santé et au bien-être de chacun de ses membres, comme le soutient le thérapeute familial danois Jesper Juul. L'idée n'est pas d'être toujours souriant, hébété et d'accord avec tout, mais de favoriser des relations saines, en cherchant à comprendre les motivations de chacun, plutôt que de désigner qui a raison ou tort. Personne n'a jamais raison de façon définitive et universelle. On a chacun « nos raisons ». Vous installerez ainsi dans votre famille le climat de confiance et de respect qui invite au partage.

Un pas vers la paix, en commençant par soi
Andrew Schmookler affirme, dans le livre *Out of Weakness*, que la violence, à l'échelle des nations ou d'une famille, a plus de risques de survenir quand les gens ont appris à penser en termes de ce qui ne va pas chez les autres plutôt que d'observer ce qui se passe en eux.

Ça a l'air bien, mais…

De nombreux a priori sur la communication bienveillante se bousculent peut-être au portillon. Faisons le tour de quelques idées reçues et voyons lesquelles sont à retourner à l'envoyeur !

On ne montre que les sentiments agréables et il faut rester calme en toutes circonstances.

Le principe de la communication bienveillante est au contraire de reconnaître et de pouvoir exprimer tous vos sentiments, agréables et désagréables, mais sans violence, ni envers vous-même ni envers les autres (voir p. 79). Fini les faux-semblants et les non-dits, vous pouvez à nouveau autoriser les larmes, les éclats de voix, les mouvements. Un exemple : votre aîné vient de prendre le jeu du cadet pour la troisième fois de la matinée. La moutarde vous monte au nez. Vous pouvez choisir d'intervenir, et de dire que vous n'êtes pas d'accord avec ce comportement : « Je ne veux pas te laisser prendre les jeux avec lesquels joue ton frère. Je suis vraiment agacé parce que c'est la troisième fois ce matin et je pensais que nous étions d'accord ! Quand tu veux l'un de ses jeux, je préfère que tu lui demandes. Lui aussi te demande s'il veut l'un de tes jeux. Es-tu d'accord avec cette règle ou devons-nous la revoir ? » Vous verrez qu'en évitant de blâmer ou d'agresser, vous serez d'autant mieux écouté.

Il faut trop réfléchir avant de parler, ça empêche toute spontanéité.

Après un petit temps nécessaire pour vous approprier la méthode, vous vous sentirez en réalité plus spontané et naturel, car vous exprimerez vos ressentis plus librement et sincèrement (voir p. 76). Comme quand on apprend une nouvelle langue, on peut se sentir maladroit, hésitant, mal à l'aise au départ. Puis on acquiert de nouveaux automatismes et l'expression devient de plus en plus fluide. En pratique, un « Ah, tu m'énerves ! » se transformera en « Ah, je suis énervée ! », ou un « Tu vas tomber ! » en « J'ai peur que tu tombes ! ». Ou encore : « Je suis trop inquiète quand tu montes aussi haut ! ». Rien de perdu en termes de spontanéité ou de naturel !

C'est culpabilisant de faire attention à tout ce que l'on dit !

Prendre pleinement conscience de sa façon de communiquer et s'en sentir responsable n'est ni facile ni confortable, et ouvre peut-être la porte à un peu plus de culpabilité. Mais la culpabilité ne peut naître que s'il y a conscience et responsabilité, justement. Vous reprenez alors le pouvoir de changer ce qui ne vous convient pas. Examinez les situations où vous n'avez pas été en accord avec vos valeurs, vos besoins, ou ceux de votre famille. Vous vous en voulez d'avoir laissé votre enfant devant un écran trop longtemps pendant que vous téléphoniez à un proche ? Faites le point – et la paix – avec vos besoins et ceux de votre enfant en prévision d'une prochaine fois. Pourrait-il plutôt jouer sur vos genoux pendant votre appel ? Et, si votre conversation se prolonge, peut-être pouvez-vous proposer de rappeler lorsque vous serez seul et plus tranquille ?

Ça ne marche pas toujours !

Si vous vous attachez aux réactions immédiates de votre enfant, vous pourrez parfois penser que votre attitude bienveillante n'a pas le résultat escompté. Attention, les effets ne se mesurent pas à l'arrivée immédiate de la paix et des sourires sur les visages de toute la famille. Il se peut qu'une attitude sincère et empathique provoque une réaction inattendue, fasse redoubler les pleurs ou l'agacement, ou induise un silence glacial. Laissez du temps. Plus votre enfant se sentira écouté et respecté, plus il s'autorisera à exprimer ses sentiments et à vous solliciter quand il aura besoin de votre aide pour y faire face.

Si on écoute son enfant tout le temps, on n'a plus de vie !

Écouter son enfant prend du temps, c'est sûr. Et vous n'avez peut-être pas toujours l'envie ni la patience de comprendre, de vous remettre en question, ou de chercher un consensus. Ça arrive à tout le monde. Et donner un ordre est si rapide, et parfois très efficace ! Oui, mais à court terme seulement (voir p. 27). En revanche, favoriser l'écoute et la coopération vous fera gagner beaucoup plus de temps sur la durée, en aidant votre enfant à être plus responsable et autonome, et plus à votre écoute. En échangeant de cette façon au quotidien, vous pourrez aussi plus facilement lui faire comprendre que vous avez besoin de temps pour vous ressourcer.

Et quand je n'en ai vraiment pas envie ?
Dans ces moments où vous n'avez vraiment ni l'envie ni l'énergie d'être à l'écoute, dites-le sans violence, et cherchez quelqu'un pour prendre le relais. « Je vois que c'est difficile pour toi, et en même temps je suis fatiguée maintenant et j'ai du mal à t'aider. Je vais prendre dix minutes pour moi et je reviens vers toi après. » Vous ne pouvez être à l'écoute et disponible que si vous avez vous-même pu répondre à vos besoins (voir p. 81).

Ça veut dire que mon enfant peut faire tout ce qu'il veut.

On associe souvent bienveillance avec niaiserie et ton mielleux. Non ! La communication bienveillante est une alternative à la contrainte mais aussi au laxisme, grâce à la demande de coopération (sans diriger et en trouvant des intérêts communs), et la proposition d'un cadre clair et constructif, dans lequel votre enfant est libre d'agir. C'est vous qui définissez ce cadre en fonction de vos besoins personnels et familiaux, et de ceux de la collectivité (horaires de l'école, normes sociales à l'extérieur, etc.) (voir p. 67).

Il n'y a pas de mauvais enfants, seulement de mauvais comportements
Il est très facile de réduire une personne entière à un jugement, énoncé à un moment donné : « il est fainéant, elle est forte, il est gentil, elle est menteuse, il est agressif, etc. » En prendre conscience et ne pas vous y attacher, c'est vous donner la chance de voir au-delà. Votre enfant n'est ni gentil ni méchant. Il se comporte en fonction de son bien-être. Il est donc essentiel, en tant que parent, de dissocier votre enfant de son comportement.

Ce n'est pas la norme, on ne vit pas chez les Bisounours !

Dans la vie, votre enfant ne recevra pas toujours cette écoute, cette empathie ou cette patience. Avec ses copains, chez ses grands-parents, dans sa future vie d'adulte, il sera confronté à d'autres façons de se comporter, de vivre ensemble. Et alors ? Faudrait-il vous priver de lui montrer ce qui vous semble juste et bon pour lui ? Oui, il risque d'être étonné ou déçu face à des comportements différents, mais démuni, certainement pas. Car vous lui aurez appris à s'écouter, à s'apprécier, à répondre à ses besoins, à aller à la rencontre de l'autre, de ses émotions, et à faire face aux conflits qu'il rencontrera. N'est-ce pas tout ce que l'on souhaite aux enfants devenus grands ?

4 règles d'or pour partir du bon pied

Vous voulez maintenant savoir comment ça fonctionne, concrètement ? Voici les règles d'or pour bien démarrer. À vous, la communication bienveillante !

Je commence par me concentrer sur les faits

À chaque situation, vous jugez, selon vos critères. C'est naturel, immédiat et utile. N'avoir aucun jugement n'est pas humain. En revanche, vous pouvez apprendre à dépasser ce jugement, à le mettre de côté un petit moment, juste pour démarrer une conversation de la façon la plus neutre et ouverte possible. Commencer par « Non mais, c'est quoi ce bazar ? » ou par « Je vois les Kapla par terre ! » (sans ironie ni moquerie !), influence grandement la réaction de votre enfant en face. Si vous exprimez d'emblée un jugement, vous multipliez les risques qu'il se mette en posture de défense, se braque ou se concentre sur sa contre-attaque, au lieu d'écouter ce que vous lui dites et de coopérer. Alors, pour exprimer une observation sans y mêler vos jugements, décrivez de façon très factuelle ce que vous voyez, entendez, touchez, sentez.

Au lieu de :	Vous pouvez dire :
Tu es toujours en colère contre moi pour rien !	Hier, tu m'as dit que tu étais en colère et je n'ai pas compris pourquoi.
Tu ne te brosses jamais les dents.	Depuis lundi, je ne t'ai pas entendu te brosser les dents après le dîner.
Tu n'as pas débarrassé ton petit-déjeuner, comme d'habitude !	Ce matin, j'ai trouvé ton bol sur la table et tu étais parti.
Tu sens mauvais après le foot !	Je n'aime vraiment pas l'odeur de transpiration !

Les 6 astuces clés pour ne pas s'exprimer en jugeant

- **Évitez le « tu es ».** Un « Tu es méchant » peut se transformer en « Quand je te vois pousser ta sœur, je trouve que ce n'est pas un comportement gentil et acceptable ! ».
- **Utilisez des verbes neutres** pour rester le plus factuel possible, évitez les verbes connotés négativement, comme « traîner, abuser, pleurnicher… ».
- **Restez précis en évitant les généralisations** comme « toujours, jamais, rarement, parfois, etc. ». Dites plutôt : « depuis lundi dernier », « les trois dernières fois », etc.
- **Différenciez ce que vous croyez de ce qui est certain ou possible.** Un « Tu vas te faire mal » est en réalité plutôt « J'ai peur que tu te fasses mal ».
- **Ne distribuez pas les bons ou mauvais points.** « Tu as bien fait de dire bonjour ! » ou « Tu écris mal ». Essayez « Ça me fait plaisir de t'entendre dire bonjour, et je crois que les gens apprécient aussi ! », « Je n'arrive pas à te relire ».

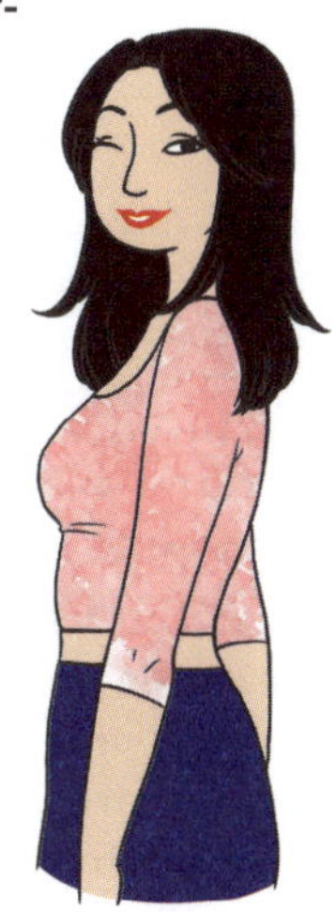

Je réalise que mon point de vue n'est que mon point de vue

Une chaussette par terre est une chaussette par terre. Pour vous, c'est la deuxième que vous trouvez, alors que, pour votre enfant, c'est la seule chose qu'il a oublié de ranger.

En partageant votre vision des choses de façon factuelle : « Je vois une de tes chaussettes par terre. C'est la deuxième que je trouve ce matin ! », vous aidez aussi votre enfant à considérer la situation telle que vous la voyez. En prenant aussi en compte le point de vue de votre enfant : « J'ai rangé mon pyjama et tous mes jeux, et je n'ai plus pensé à mes chaussettes ! », vous pouvez élargir le vôtre.

Des points de vue a priori contradictoires peuvent coexister et donner une meilleure vision d'ensemble. Votre observation n'est donc que… votre observation, ni plus ni moins.

Sur ce schéma, l'un voit un 6, l'autre un 9, et aucun n'a raison ni tort. En partageant ce qu'elles observent, ces personnes ont une vision plus large, plus juste, de la réalité.

J'adapte mon langage

Pour parler avec votre enfant, il est préférable d'utiliser un langage authentique et personnel, comme le conseille le thérapeute familial Jesper Juul. Voici quelques astuces qui pourront vous être utiles !

- ✔ **Parlez de vous à la première personne.** Évitez de dire « Maman aimerait bien que tu finisses ton assiette », car, en parlant ainsi, vous ne favorisez pas des liens de personne à personne mais vous vous enfermez dans des rôles.
- ✔ **Respectez vos enfants autant que les adultes.** Avec tout autant de sérieux. Évitez donc les phrases du type : « Tu es à peine tombé, ce n'est rien ! »
- ✔ **Utilisez un vocabulaire précis et riche.** Les enfants ne sont pas idiots. Et, s'ils ne comprennent pas, ils peuvent demander, et seront heureux d'avoir appris un nouveau mot.

✔ **Soyez sincère.** Remplacez vos préjugés par vos ressentis. Par exemple, dites : «Ça me fait de la peine de te voir te moquer de ta sœur» au lieu «C'est mal, c'est méchant». Soyez aussi sincère face aux événements : si vous perdez un proche, si vous changez de travail, lorsque vous n'êtes pas d'accord avec votre conjoint. Être concret et réaliste aide votre enfant à comprendre ce qu'il se passe plutôt que de rester dans le flou et l'inquiétude face à des situations qu'on ne lui a pas expliquées.

Je fais attention à ma communication non verbale

La communication ne passe pas seulement par les mots. Il est important de veiller à votre attitude et à vos gestes pendant que vous communiquez.

- **Approchez-vous :** Certains enfants ont besoin d'un contact visuel, pour d'autres ce sera trop intimidant. Ils préféreront que vous soyez assis côte à côte. Respectez l'espace personnel de votre enfant. S'il est en colère, il aura sans doute besoin de place pour bouger et l'extérioriser (à moins qu'il se mette en danger, voir p. 33).
- **Engagez votre corps :** Si vous dites à votre enfant que vous l'écoutez en vous tenant debout les bras croisés et en regardant votre montre, ça ne colle pas. Mettez-vous à sa hauteur, prenez une position confortable pour vous, et soyez présent.
- **Utilisez une voix normale :** Ne prenez ni un ton mielleux ni un ton agressif.

Je réserve du temps à mon enfant

Il n'y a pas de secret, la qualité des relations vient des moments et des émotions partagés. Rejoignez votre enfant dans son monde, dans ses jeux. Réservez-lui un temps juste pour vous deux, même quelques minutes seulement si c'est tout ce dont vous disposez. Proposez-lui parfois aussi de choisir le jeu qu'il veut faire avec vous, mettez-vous à sa disposition pendant cette petite parenthèse. C'est agréable de sortir de son personnage, de changer de point de vue, de se laisser guider. Offrez du temps et de l'attention à votre enfant. Plus il verra que vous veillez à satisfaire ses besoins, plus il sera disposé à vous aider à combler les vôtres.

Chapitre 2

Cultivez l'empathie en famille !

La communication bienveillante ne peut pas fonctionner si vous ne commencez pas par accueillir tous les sentiments de votre enfant, et cela avant même d'essayer de les interpréter. Dès sa naissance, votre enfant ressent. Il éprouve des émotions et les exprime naturellement et sincèrement. Il n'a pas encore de filtre comportemental. Votre rôle n'est alors pas de contraindre ou d'empêcher l'expression de ses sentiments, mais de l'aider à être de plus en plus conscient de ses réactions et à les maîtriser. Il pourra ainsi mieux comprendre ce qu'il se passe en lui et mieux se faire comprendre.

À la découverte des ressentis : émotions et sentiments

En communication bienveillante, on utilise le terme général de « sentiments » pour décrire les ressentis physiques (avoir froid, faim, etc.), émotionnels (se sentir heureux, triste, etc.) et intellectuels (se sentir perplexe, intéressé, etc.). Accueillir ce que ressent votre enfant vous permet de vous connecter à lui et de comprendre ensuite de quoi il a besoin. Pour cela, il est utile de saisir comment votre enfant vit ces différentes réactions physiques et psychologiques.

Qu'est-ce que l'émotion ?

Étymologiquement, « émotion » vient du mot latin « *emovere* », qui signifie « ébranler, mettre en mouvement ». L'émotion est donc bien un mouvement, une réaction physiologique à une stimulation extérieure. Momentanée, elle dure en moyenne 90 secondes. Tout le monde ressent des émotions, et cela en permanence. Pour les classer, on cite souvent les plus fortes d'entre elles, plus ou moins agréables, mais leur panel est infini.

Les 4 émotions principales sont :

1. **La peur :** indique un danger potentiel et pousse à se mettre en sécurité.
2. **La tristesse :** évoque une perte et invite à en faire le deuil.
3. **La colère :** parle d'intégrité, de respect de soi, incite à exprimer son identité, ce que l'on aime et n'aime pas.
4. **La joie :** montre ce qui stimule et nourrit.

D'autres grandes émotions telles que la surprise, la honte, le dégoût, et l'amour peuvent s'y ajouter.

Comment mon enfant vit-il ses émotions ?

Comme le présente Isabelle Filliozat, l'émotion traverse votre enfant en 3 étapes :

- **La charge.** Votre enfant perçoit un événement extérieur (ou stimulus) grâce à l'un de ses sens (visuel, auditif, olfactif, gustatif ou tactile). L'information va directement au cerveau qui la traite et qui, en libérant des hormones, déclenche une réaction physiologique instantanée et involontaire.
- **La tension.** Son corps se met sous tension à travers une réaction physique appropriée (détente, contraction, attirance, rejet, etc.).
- **La décharge.** C'est l'expression visible de l'émotion. Elle permet au corps d'expulser la tension et de retrouver un état d'équilibre. Par exemple, les pleurs de tristesse, les cris de joie, les tremblements de peur permettent en réalité de retrouver le calme.

Comment je peux l'aider à apprivoiser ses émotions

Comme l'émotion est une réaction physiologique, encourager votre enfant à l'exprimer pleinement et à se laisser traverser par cette décharge d'énergie suffit à la libérer. Si la décharge n'a pas lieu, l'émotion est refoulée, et son corps reste alors en tension. Aider votre enfant consiste donc d'abord à lui offrir la sécurité et la confiance dont il a besoin pour exprimer pleinement ses émotions (voir p. 30).

Les émotions sont-elles toutes bien réelles?

Tout ce que ressent votre enfant, que vous le voyiez comme bon ou mauvais, incompréhensible ou justifié, est bien réel, vécu et légitime. Nier ou minimiser le sentiment de votre enfant revient à lui dire : «Tu ne ressens pas ce que tu ressens, tu ne sais pas ce que tu crois savoir» et «Je n'ai pas confiance en ce que tu me dis». Parfois, on préfère minimiser une émotion désagréable pour ne pas l'exacerber ni approuver un comportement qui nous déplaît. Mais l'émotion et le comportement sont dissociables. Dire que tous les ressentis peuvent être accueillis ne signifie pas que tous les comportements le sont (voir p. 36)!

«Garde-fou» pour aider mon enfant

Lorsqu'on a envie de nier, de relativiser ou encore de sermonner, il existe une astuce toute simple. Lorsque vous n'êtes pas certains de la réponse à apporter, Faber et Mazlish vous invitent à essayer sur vous-même. Imaginez : vous racontez à une amie combien votre week-end a été difficile. Que ressentiriez-vous si elle démentait, comparait ou vous sermonnait : «Oh! Ça n'avait pas l'air si horrible, franchement! Tous les parents ont des problèmes! Moi, c'était pire. Si tu vivais avec mes enfants, tu saurais ce qu'est un week-end difficile! Te plaindre n'arrangera rien!» Pas très agréable, n'est-ce pas? Et comment vous sentiriez-vous face à une réponse empathique, telle que : «Mince, je suis désolée pour toi, tu as l'air chamboulé! Est-ce que je peux t'aider d'une façon ou d'une autre? Veux-tu venir à la maison samedi prochain?»

J'ai du mal à accepter les émotions fortes et désagréables

Faute d'avoir eux-mêmes eu le droit de ressentir et d'exprimer les émotions désagréables ou très fortes, il arrive que les parents mettent un couvercle sur celles de leurs enfants. Le premier problème, c'est qu'une émotion enfouie met un enfant sous tension (littéralement) et le fait souffrir. Le second est que cette émotion enfouie sortira sûrement, plus tard, et de façon amplifiée. Soyez courageux et laissez votre enfant vivre des émotions fortes ou désagréables sans chercher à les atténuer ou à mettre immédiatement de la distance (en nommant, en cherchant un sens, en désignant un coupable, etc.).

«Laisse-le, il finira bien par se calmer tout seul...» Très peu pour moi!

Votre enfant a besoin de votre présence et de votre solidarité. Le laisser seul avec ses «monstres intérieurs» ne l'aide pas à y faire face, et vous êtes garant de sa sécurité intérieure. Plus votre enfant grandira et plus vous pourrez vous éloigner, petit à petit.

Comme l'explique Isabelle Filliozat, si vous dites « Ne pleure pas », vous dites en réalité « Garde ta douleur à l'intérieur de toi ». Aider votre enfant à vivre, à exprimer et à libérer ses émotions créera, en plus, un lien de confiance solide entre vous.

Qu'est-ce que le sentiment ?

Le sentiment est une construction mentale, élaborée par la façon dont votre enfant perçoit une situation. Ce n'est pas une réaction physiologique, contrairement à l'émotion, mais un état affectif qui peut durer bien plus longtemps. Votre enfant peut garder un sentiment des jours ou des années entières, alors qu'une émotion s'arrête une fois que l'événement déclencheur a disparu. Par exemple, votre enfant reçoit un cadeau alors qu'il ne s'y attendait pas. Il est surpris. Des mois plus tard, il ne ressentira plus l'effet de la surprise (l'émotion), en revanche il pourra ressentir encore du plaisir, de la satisfaction ou de la gratitude (sentiments) en repensant à cet événement, voire éprouver de nouvelles émotions grâce à ce souvenir. Ainsi les émotions et les sentiments sont très étroitement liés.

Comment j'aide mon enfant à vivre avec ses sentiments

Le sentiment peut être abordé et maîtrisé à un niveau plus mental, en utilisant nos capacités de recul et de réflexion (voir p. 42). Par exemple, votre enfant est vraiment triste car il n'a pas été invité à l'anniversaire d'un camarade de classe. Des semaines plus tard, il en reparle, en vous disant qu'il n'a pas de copains et qu'il se sent seul. Aidez-le à élargir son angle de vue ou à rediriger son attention en faisant appel à la logique, à l'empathie, à l'ouverture d'esprit. Vous pouvez lui demander si, lui, aurait invité cet enfant à son anniversaire. S'ils jouent ensemble d'habitude et se sentent proches. Ou suggérer qu'il ne pouvait peut-être accueillir qu'un nombre d'invités restreint, etc.

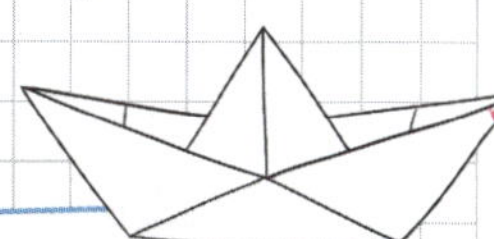

J'enrichis mon vocabulaire de sentiments

Je me sens bien, je me sens mal, je suis triste... Il manque parfois les mots exacts pour décrire ses sentiments, et pourtant c'est essentiel pour partager son ressenti. Marshall B. Rosenberg a dressé une liste de plus de 150 sentiments dans son livre *Les mots sont des fenêtres (ou bien ce sont des murs)*. Il différencie ainsi les sentiments éprouvés lorsque nos besoins sont satisfaits – apaisé, calme, confiant, dynamique, enthousiaste, fier, inspiré, serein, etc. – et lorsque nos besoins ne sont pas satisfaits – abattu, agité, aigri, craintif, démotivé, embarrassé, frustré, irrité, etc.

Trop d'émotions : quand le cerveau surchauffe

Lorsque les émotions affluent, votre enfant peut se sentir débordé, et c'est l'explosion. Petit topo sur ce qu'il se passe dans son cerveau (et dans le vôtre) !

Cerveau gauche et droit : raison versus émotions

Dans le cerveau, la partie qui gère les émotions (hémisphère droit) et celle où siège la logique (hémisphère gauche) sont physiquement séparées. Chez l'enfant, l'hémisphère droit est prédominant. C'est une des raisons pour lesquelles il est très sensible et semble souvent gouverné par ses émotions. Mais ces deux hémisphères sont reliés et doivent pouvoir travailler en équipe. Ne pas utiliser ni développer le cerveau gauche revient à se laisser voguer au gré des tempêtes émotionnelles. À l'inverse, nier ses émotions et ne pas développer le cerveau droit l'empêche d'utiliser ses propres indicateurs pour savoir ce qui lui fait du bien. Ça peut même le conduire à tout prendre au pied de la lettre, car le cerveau droit permet notamment de lire entre les lignes. Voilà pourquoi votre enfant pourrait se montrer très susceptible si vous riez gentiment de lui ou utilisez le second degré. En suivant les étapes de l'accompagnement émotionnel, vous l'aiderez à solliciter et à renforcer ses deux « cerveaux ».

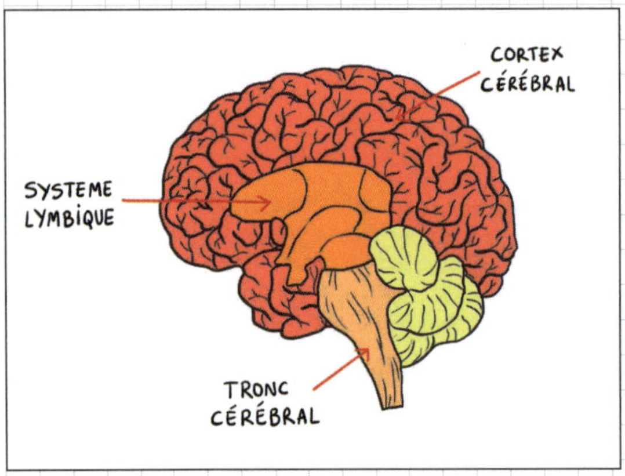

Le cerveau du haut : siège des capacités d'autorégulation

Les capacités de connaissance et de maîtrise de soi, mais aussi d'imagination, d'empathie, d'organisation et de régulation des réactions émotionnelles sont logées dans le cerveau du haut (cortex cérébral). Le cerveau du bas gère les fonctions vitales (respirer, cligner des yeux), les réactions innées et impulsives (se défendre, s'enfuir) et les émotions fortes (peur, colère). Il est composé du tronc cérébral et du système limbique. Tandis que le cerveau du bas fonctionne dès la naissance, celui du haut n'est complètement mature que vers 25 ans ! Voilà pourquoi il vaut mieux éviter les ordres et menaces (qui font réagir le cerveau défensif du bas déjà très actif), et plutôt proposer des choix, faire appel à l'imagination, à l'empathie (qui sollicitent le cerveau du haut) : « Voudrais-tu que l'on prenne des gâteaux ou des yaourts, cette fois-ci ? Que penses-tu que ta sœur a ressenti quand tu lui as pris ce jouet des mains ? », etc.

Ce que l'ordre induit dans le cerveau de l'enfant

Le Dr Siegel explique grâce à l'imagerie cérébrale que, lorsqu'un enfant reçoit un ordre, son amygdale est stimulée et déclenche un état défensif, ne lui laissant que trois réactions possibles : l'attaque, la fuite ou l'immobilisme. Au contraire, en lui proposant des choix adaptés, nous l'aidons à développer son néocortex, siège des prises de décision, de l'anticipation des conséquences, et du raisonnement.

La crise émotionnelle : cerveau du haut indisponible !

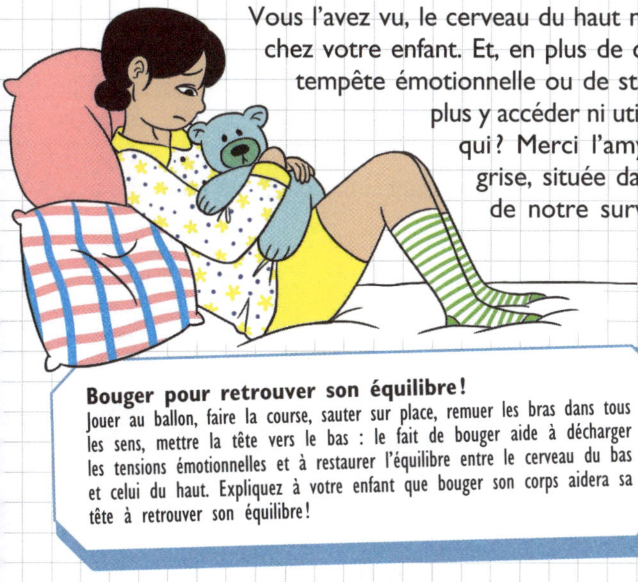

Vous l'avez vu, le cerveau du haut n'a pas encore atteint son plein potentiel chez votre enfant. Et, en plus de cela, il se bloque littéralement en cas de tempête émotionnelle ou de stress intense. Votre enfant ne peut alors plus y accéder ni utiliser ses capacités d'autorégulation. Merci qui ? Merci l'amygdale ! Cette petite boule de matière grise, située dans le système limbique, est responsable de notre survie. C'est elle qui nous fait réagir sans réfléchir en cas de danger, et provoque la fuite, l'immobilisme ou l'attaque. Sauf que, chez votre enfant, l'amygdale prend aussi le contrôle de son cerveau en cas de forte émotion ou de stress. Soyez indulgent et gardez la même technique en tête : accueillez et sécurisez-le. Vous pourrez ensuite l'aider à considérer la situation avec du recul quand l'émotion sera passée.

Bouger pour retrouver son équilibre !

Jouer au ballon, faire la course, sauter sur place, remuer les bras dans tous les sens, mettre la tête vers le bas : le fait de bouger aide à décharger les tensions émotionnelles et à restaurer l'équilibre entre le cerveau du bas et celui du haut. Expliquez à votre enfant que bouger son corps aidera sa tête à retrouver son équilibre !

Le coup de pouce : expliquez le cerveau à votre enfant

Expliquez à votre enfant comment fonctionnent les parties basses et hautes de son cerveau, pour qu'il puisse mieux comprendre et donc petit à petit mieux contrôler ce qu'il traverse. Proposez-lui de fermer son poing, pouce à l'intérieur. Son poing représente son cerveau. Voici dans quels états il peut se mettre :

1. **Poing fermé :** tes doigts représentent l'endroit de ton cerveau grâce auquel tu peux réfléchir et choisir les réactions les plus adaptées à la situation (le cerveau du haut).
2. **Proposez-lui de relever un peu ses doigts pour voir le pouce :** ton pouce représente une partie de ton cerveau qui prend le contrôle en cas d'émotions fortes. Puis ta paume

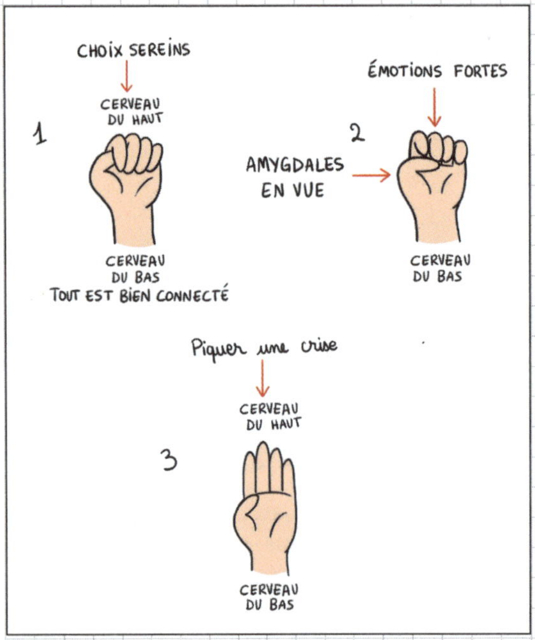

représente la partie qui te permet de déclencher et de ressentir les émotions. Quand tu es calme, les trois parties de ton cerveau fonctionnent ensemble, elles communiquent bien pour adapter tes comportements à ce que tu ressens (si tu as froid, tu vas penser à mettre un pull ou demander d'augmenter le chauffage).

✔ **Proposez-lui maintenant de relever entièrement ses doigts** : là, c'est la situation de crise ! Lorsqu'une émotion est trop forte, tout se déconnecte (les doigts ne sont plus en contact avec la paume). Ton cerveau du haut ne touche plus ton cerveau du bas, et ne peut donc plus l'aider à se calmer. En laissant passer l'émotion et en prenant le temps, tu retrouves peu à peu tes esprits (en faisant redescendre ses doigts).

Avec ce petit outil, votre enfant pourra même, en grandissant, utiliser sa main ouverte pour vous signaler d'un geste facile qu'il se sent dépassé.

Vrai ou faux ?

Les émotions peuvent être régulées ou supprimées.

→ **Faux.**
En tant que réaction physiologique, l'émotion est activée tel un réflexe. Les premières phases, de charge et de tension, sont indépendantes de la volonté. Elles traversent votre enfant. Leur expression (la décharge) peut par contre être intériorisée ou extériorisée.

L'expression des émotions peut être régulée et adaptée.

→ **Vrai.**

Grâce au raisonnement et à la sollicitation du néocortex, qui se développe avec l'âge, il est possible de court-circuiter le cerveau « archaïque » et de réguler la décharge émotionnelle, c'est-à-dire la façon dont on exprime l'émotion. Même si on a peur devant un film, on ne part pas en courant immédiatement… mais on pourra sursauter ou pousser un cri de surprise.

Nous pouvons nuancer et changer nos sentiments.

→ **Vrai, même si ce n'est pas toujours facile.**

Il est possible de transformer un sentiment, en prenant conscience de tous les autres sentiments qui nous habitent en même temps ou en envisageant une situation sous un angle nouveau. Par exemple, vous pensez toujours avec agacement à une collègue que vous trouvez hautaine. Puis, un jour, elle vous confie qu'elle n'a pas du tout confiance en elle, et qu'elle admire votre aplomb et votre sincérité en toutes situations. Vos sentiments pour elle vont-ils changer ? Lorsque le sentiment est profond et plus inconscient, des techniques d'hypnose et de PNL (programmation neuro-linguistique) peuvent être utilisées pour aider à reprogrammer certains sentiments confondus avec des certitudes. N'hésitez pas à encourager votre enfant à considérer ses sentiments sous un angle différent !

Les enfants sont tout aussi capables de se réguler que les adultes.

→ **Faux.**

Pour les émotions, les enfants sont « sans filtre ». Ils les vivent et les expriment pleinement, sans réfléchir. Pour les sentiments, on pourrait dire qu'ils ont « le nez collé à la feuille ». Ils ont encore beaucoup de difficultés à prendre du recul et à envisager une situation sous un nouvel angle. Mais avec le temps et de la pratique, ils peuvent apprendre à mieux maîtriser leurs réactions face à une émotion, à les adapter, et à prendre plus de recul par rapport à leur perception immédiate.

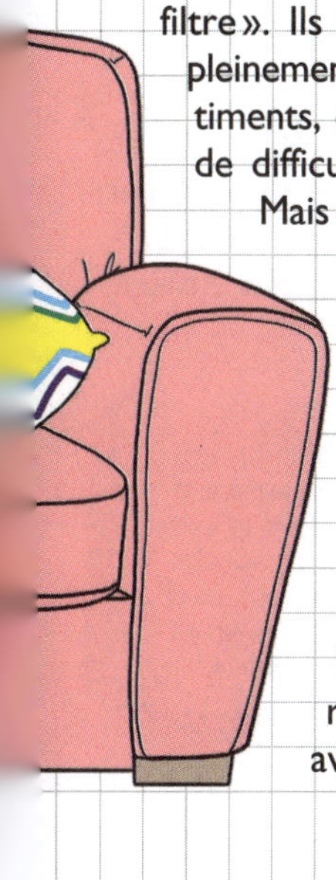

Pour raisonner son enfant, il faut d'abord qu'il retrouve son calme.

→ **Vrai.**

Lorsqu'il est sous le coup d'une forte émotion, votre enfant n'a plus accès aux parties de son cerveau qui lui permettent d'utiliser la raison et la logique. Elles sont littéralement inaccessibles. Il faut donc lui laisser du temps, le laisser ressentir et l'aider à s'exprimer pour qu'il s'apaise avant de pouvoir parler avec lui de façon rationnelle ce qu'il s'est passé.

Mon pas-à-pas pour réagir en cas de crise

Accueillir les émotions agréables et mesurées de votre enfant semble simple, mais il y a parfois de quoi s'arracher les cheveux devant les crises de larmes ou de colère ! Même si chaque situation est unique, voici les clés qui pourront vous aider à garder une écoute et une présence bienveillantes face aux émotions de votre enfant, quelles qu'elles soient. À partir de la méthode d'accompagnement émotionnel développée par Isabelle Filliozat, voici les étapes que vous pouvez suivre pour accueillir l'émotion de votre enfant.

Étape zéro : serrez les dents !
Soyons honnêtes, même en sachant que c'est bon pour son enfant, il n'est pas toujours facile d'accueillir ou de reconnaître un sentiment désagréable. Par exemple, lorsque votre enfant exprime sa colère en disant quelque chose de négatif, comme « Tu es méchant ! », avant même d'utiliser la méthode d'accompagnement émotionnel, gardez en tête cette première étape proposée dans les ateliers Faber et Mazlish : serrez les dents et résistez à l'envie de le contredire immédiatement. Essayez de saisir et d'accueillir ce qui se joue pour lui avant d'expliquer votre désaccord. Il vous écoutera mieux une fois l'émotion passée.

Étape 1 : j'accueille avec empathie, la clé pour vous connecter

Comment je m'y prends ?

Écouter votre enfant avec empathie, c'est vous mettre à sa place et partager ce qu'il ressent. L'empathie passe par le corps. Il s'agit d'accueillir ses émotions de façon non verbale, par votre regard (si cela ne dérange pas votre enfant), par votre présence, par votre respiration et votre attitude tout entière.

L'empathie : innée ou acquise ?
Catherine Gueguen affirme que l'empathie est innée chez tous les êtres humains. Mais force est de constater également que de nombreux adultes ignorent comment s'y prendre pour être empathique. Pourquoi ? Parce qu'il est rare que cette qualité ait été préservée ou développée, du fait des humiliations verbales et physiques infligées à de nombreux enfants devenus parents aujourd'hui, selon un rapport de l'Unicef en 2014. Mais ce n'est pas irrémédiable. Vous verrez comment cultiver l'autoempathie (voir p.75).

La clé pour y arriver : mettez vos pensées de côté et faites le vide. Respirez et laissez passer vos jugements et votre envie de le rassurer ou de le conseiller. Mettez en pause toutes vos autres facultés pour vous rendre entièrement disponible. Vous vous demandez peut-être si être empathique veut dire que, si votre enfant est triste, vous devez être triste et pleurer. Vous pouvez pleurer si vous en avez envie, l'essentiel est de partager la même émotion en la ressentant également, peut-être de façon moins intense, mais en vous connectant à lui. Il se sent ainsi écouté, reconnu. C'est ce qui l'aidera à exprimer son émotion en confiance et à retrouver plus rapidement son calme et son équilibre émotionnel. Et vous voilà doté d'un nouveau pouvoir magique !

Mon astuce en plus : je m'adapte au langage sensoriel de mon enfant

Connaître le mode sensoriel de votre enfant vous aidera à l'accompagner au mieux. Chaque enfant utilise de façon prédominante l'un de ses sens pour saisir le monde qui l'entoure. Vous aussi, mais, comme vous avez eu le temps de développer presque autant tous vos autres sens, la différence est moins accrue. Priscilla Dunstan, experte en parentalité mondialement reconnue, a réussi à relier les comportements de centaines d'enfants à leur sens dominant. Ainsi les parents, décryptant mieux les attitudes de leur enfant, peuvent adapter leur communication pour faciliter les échanges.

- **S'il est plutôt auditif**, avoir une parole douce et réconfortante l'aidera à se relier à vous et à canaliser son attention.
- **Si votre enfant est tactile**, posez la main sur son bras ou faites-lui une petite caresse.
- **S'il est visuel**, placez-vous dans son champ de vision pour l'aider à s'apaiser.
- **S'il est olfacto-gustatif**, il sera plus sensible et réactif à une présence apaisée et à une ambiance réconfortante.

Quel est le sens dominant de mon enfant?

Souvent, nous utilisons notre propre mode sensoriel pour communiquer, mais, si notre enfant n'a pas le même, cela n'a pas l'effet recherché. Par exemple, parler pour réconforter un enfant tactile n'est pas le plus efficace! Voici quelques caractéristiques des comportements liés à chaque sens. Même si vous avez l'impression que votre enfant répond aux quatre, une dominante se détache forcément.

- **Enfant au sens dominant tactile :** Il utilise énormément ses mains pour toucher, presser, pousser tout ce qu'il voit. Il est très intrépide dans les jeux et repousse ses limites physiques. Et il a besoin d'énormément de démonstrations physiques d'affection (caresses, câlins, jeux avec contacts).

- **Enfant au sens dominant visuel :** Il fait plus attention aux expressions faciales qu'à ce qu'on lui dit. Il est fortement attiré par les images et s'endort mieux dans une pièce très sombre. Il peut être très attentif au choix de ses vêtements ou au rangement de ses affaires et de ses espaces (jeux, vêtements, goûters, chambre, etc.).
- **Enfant au sens dominant auditif :** Il est tout particulièrement à l'écoute des bruits, des sonorités, des nuances dans le ton de la voix (doux, fort, fâché, réconfortant…). Les nouveaux bruits ou bruits soudains et forts le réveillent ou l'énervent facilement. Il préfère les environnements sonores calmes. En grandissant, il peut devenir très bavard. Il aime raconter des histoires à haute voix, même seul, et chanter.
- **Enfant au sens dominant gustato-olfactif :** Un peu rêveur, il aime s'immerger dans son monde intérieur. Il a une grande sensibilité émotionnelle et est très intuitif. Extrêmement sensible aux aliments, il apprécie la répétition d'un même menu et peut refuser de très nombreux aliments. Il est aussi très sensible aux odeurs, même les plus subtiles.

Pour aller plus loin

Si vous souhaitez trouver plus de pistes afin d'adapter votre communication, Priscilla Dunstan propose dans son livre *Parler le langage sensoriel de votre enfant* des questionnaires détaillés pour identifier le sens dominant de votre enfant ainsi que le vôtre.

Étape 2 : je décris la situation avec empathie

Comment je m'y prends?

Après avoir laissé passer l'émotion, si vous sentez que cela peut l'aider, mettez des mots sur son ressenti (supposé) pour l'encourager à être attentif à ce qu'il se passe dans son corps : «Je vois tes sourcils froncés et ta mâchoire qui s'avance… ton cœur s'emballe peut-être…»

Si ça ne marche pas, c'est peut-être que…

… l'émotion en cache une autre! Votre enfant hurle et tape des pieds. Il ne veut pas partir du parc.

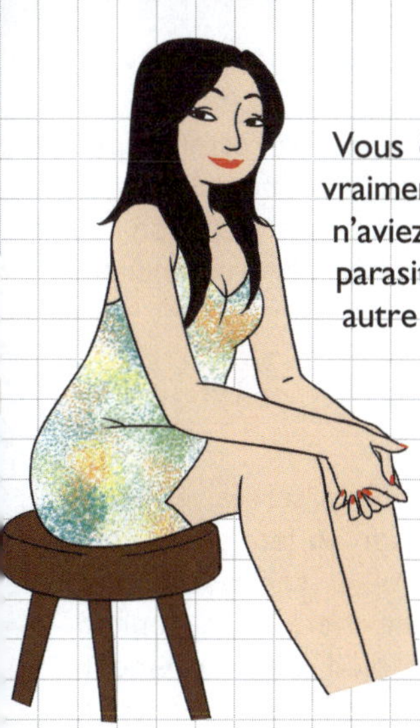

Vous êtes empathique et sincère, mais, après avoir dit « Je vois que tu es vraiment énervé ! », voilà qu'il redouble de colère, ça n'en finit pas ! Et si vous n'aviez pas « cerné » la bonne émotion ? Isabelle Filliozat évoque « l'émotion parasite » : une réaction émotionnelle non appropriée, qui cache en fait une autre émotion. Si ce n'était pas de la colère qu'il ressent mais plutôt du dégoût, parce que ses autres copains peuvent, eux, rester jouer ? En lui demandant « Es-tu écœuré, trouves-tu cela injuste de devoir partir maintenant alors que d'autres copains restent ? », vous pouvez renouer avec la « bonne » émotion, et votre enfant peut alors l'exprimer et s'en libérer.

Mon astuce en plus : je reconnais les émotions déguisées

Pour reconnaître ces émotions, demandez-vous si sa réaction vous semble « logique » par rapport à l'événement déclencheur (de la fierté alors qu'il a subi une moquerie, par exemple). Si ce n'est pas le cas, essayez de dénicher l'émotion cachée en vous rappelant de quoi votre enfant a parlé juste avant.

Étape 3 : je permets à son émotion d'aller jusqu'à sa résolution

Comment je m'y prends ?

Laissez votre enfant s'exprimer à sa façon. N'intervenez que s'il y a un danger imminent, pour lui ou quelqu'un d'autre.

J'évite de questionner mon enfant en pleine crise
Quand votre enfant est pris dans une tempête émotionnelle, ne demandez pas pourquoi : « Pourquoi tu pleures ? Pourquoi tu as peur ? » D'une part, nous l'avons vu, votre enfant n'a pas facilement accès à ses capacités de raisonnement à ce moment-là. D'autre part, le lien entre une émotion et sa cause n'est pas toujours évident, ni même conscient. En posant ces questions, vous dites à votre enfant que, pour ressentir, il devrait avoir une raison (et souvent une bonne), et en plus la connaître ! Si vous voulez vraiment verbaliser, restez plutôt concentré sur ses ressentis : « Qu'est-ce que tu ressens ? »

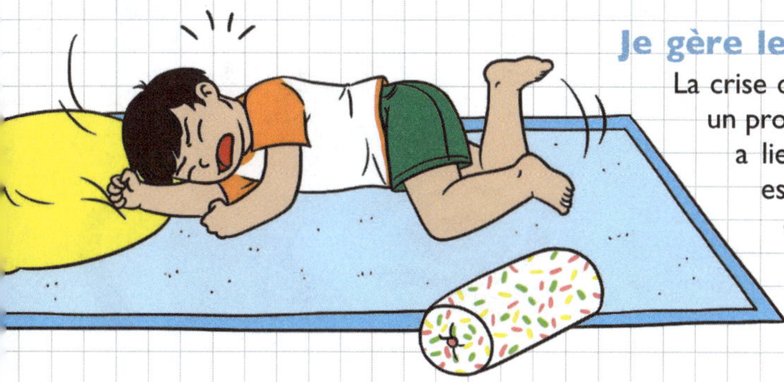

Je gère les crises de rage

La crise de rage apparaît souvent comme un problème en soi (surtout quand elle a lieu en plein magasin !), mais elle est bénéfique pour votre enfant qui a besoin d'extérioriser une énorme tension. La clé est de rester auprès de lui, plutôt que de le repousser, le laisser seul ou l'importuner avec des questions ou suggestions. Vous pouvez rester à une distance raisonnable pour ne pas recevoir de coup de pied, mais pas trop loin quand même. En général, votre enfant se jette et se roule au sol, lance ses pieds, mais sans intention de faire mal. Par contre si vous pensez qu'il peut se blesser, essayez de l'amener dans un endroit plus sûr (loin des murs, avec des coussins, de la moquette, etc.).

J'accueille les différentes expressions de colère

Votre enfant explose de colère, poings serrés, et vous vous demandez ce qu'il va casser ou jeter. Une fois encore, restez auprès de lui et sécurisez-le au maximum. Voir votre enfant crier, jurer, donner des coups de poing et de pied peut facilement vous faire perdre votre sang-froid, mais vous énerver ne fera qu'aggraver la situation et/ou l'effrayera. Il est possible qu'il ait besoin d'être maintenu, doucement mais fermement, pour ne pas se blesser ni blesser quelqu'un d'autre.

La colère… une émotion qui peut en cacher d'autres
Le psychologue américain Lawrence Cohen, spécialiste de la thérapie par le jeu, évoque le fait que de nombreux experts de l'enfance considèrent que la colère cache d'autres émotions majeures comme la peur, liée à la perte et à la souffrance. Les enfants blessés expriment leur douleur de façon plutôt agressive pour se protéger d'émotions encore à vif, et éloigner ainsi les personnes qui pourraient les aider à y faire face.

J'accompagne mon enfant dans la peur et l'anxiété

Les peurs sont naturelles, et il est normal que votre enfant ressente différentes craintes en fonction de son âge : la peur d'être seul dans le noir, celle des monstres, des animaux, puis des peurs liées au rapport à l'autre (parler devant un groupe, aller chez le médecin, etc.). Évitez de nier, de le raisonner ou de lui demander d'être grand. Ça le poussera, au « mieux », à ne plus vous en parler, mais pas à les gérer. La clé : écoutez ce qu'il vous dit et accueillez, en silence ou avec des petits mots comme « je vois », « oui », « oh », « ah ». Puis, seulement lorsque l'émotion est passée, encouragez-le à reprendre l'ascendant sur ses peurs en faisant appel à son cerveau du haut et à sa raison. « Oui, un tremblement de terre est possible, mais peu probable là où on habite. Quelles sont les probabilités exactes, d'ailleurs ? » Aidez-le à chercher des informations factuelles et utiles pour renforcer sa compéhension et son contrôle.

Renforcez son courage et son assurance

Aidez-le à traverser des situations avec la juste dose de peur, cela lui permet de mesurer le danger réel et ainsi de renforcer son courage et sa confiance en lui. Si votre enfant a peur de la foule, incitez-le à rejoindre d'abord quelques personnes, puis un petit groupe, puis un spectacle… Encouragez-le : «Je crois en toi, tu en es capable.»

J'accueille ses larmes

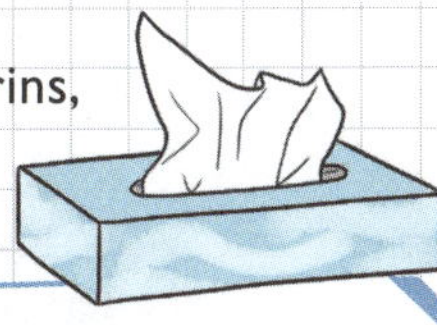

Les pleurs permettent à votre enfant de laisser aller ses chagrins, ses peines, et de se sentir mieux ensuite. Elles sont aussi un excellent moyen d'évacuer les frustrations qu'il a vécues dans la journée. L'interrompre ou l'empêcher de pleurer revient à entraver ce processus naturel d'expression et de guérison. Laissez votre enfant pleurer autant qu'il en a besoin, mais pas seul dans son coin. Soyez présent et aimant, prenez-le dans vos bras s'il accepte. C'est essentiel pour tisser le lien de confiance, de sécurité, d'amour et d'acceptation qui vous unit.

Attention, il me manipule encore!
Si des enfants un peu plus grands «forcent» les pleurs ou se plaignent et «pleurnichent» (attention, mot glissant…!), c'est souvent qu'ils n'ont pas pu exprimer une émotion ou un besoin. Cherchez lequel. Pour cela, le plus efficace est de prendre une attitude positive et de rediriger l'attention de votre enfant sur ce dont il aurait vraiment besoin : «Tu ne m'auras pas avec tes grosses larmes de crocodile, mais je veux bien jouer avec toi si tu as envie d'un moment tous les deux!»

Si ça ne marche pas, c'est peut-être que…

… la crise est plus volontaire qu'émotionnelle. Comment savoir si votre enfant fait consciemment le choix de s'emporter, de crier, de taper? Essayez de voir si le cerveau d'en haut est accessible (celui qui lui permet de faire cela consciemment, alors qu'une «vraie» crise émotionnelle coupe tout accès à ce cerveau). Si votre enfant est capable de s'arrêter immédiatement, lorsque vous lui expliquez, par exemple, que vous lui donnerez plus tard ce qu'il souhaite, c'est qu'il est capable d'utiliser son cerveau supérieur et qu'il n'est pas en état de crise émotionnelle. Attention, ça ne signifie pas qu'il ne se sent pas troublé, déçu, fâché, etc. Mais il n'est, en tout cas, pas dépassé par ses émotions. Vous pouvez donc lui montrer que vous n'acceptez pas ce comportement. Il n'utilisera pas longtemps une stratégie inefficace.

Se donner le droit de changer d'avis
Parfois, vous ne voulez pas revenir sur votre décision, mais, parfois, vous pouvez aussi vous rendre compte que les motivations de votre enfant sont plus importantes que vous ne le pensiez. D'après Lawrence Cohen, votre enfant sait faire la différence entre céder aux cris et revenir sur sa position par choix, après réflexion. Rester campé sur vos positions est moins une preuve de constance qu'un refus d'envisager que vous pouvez vous tromper ou changer d'avis. La clé pour adapter votre réaction à chaque situation : garder en tête vos motivations tout en restant à l'écoute de celles de votre enfant.

Étape 4 : je redirige les comportements que je ne souhaite pas

Accueillir toutes les émotions de votre enfant ne veut pas dire accepter tous les comportements. C'est en cela que l'attitude bienveillante n'est pas permissive. Voici quelques idées pour vous aider à poser vos limites et à rediriger les comportements que vous n'acceptez pas.

Je pose mes limites avec respect et je propose un comportement plus adapté

Il est de votre responsabilité d'empêcher ou d'interrompre un comportement que vous jugez dangereux ou irrespectueux. Pour cela, vous pouvez arrêter l'action, en disant « stop », ou la rediriger. Le « stop » va rapidement au cerveau de votre enfant, sans reproche. Mais s'il est vraiment lancé, essayez plutôt de lui proposer une alternative, motivante pour lui et acceptable pour vous. Par exemple, votre enfant, en colère, lève son jouet, fragile, avec l'intention (présumée) de le jeter. Vous pouvez l'en empêcher en plaçant fermement votre main devant lui ou en retenant son bras, et dire : « Je ne veux pas te laisser abîmer ce jeu ! Veux-tu jeter le coussin ou ton ballon ? » Jusqu'à 3-4 ans, proposez un choix limité à deux ou trois comportements. Plus tard, et lorsqu'il n'est pas trop pris dans l'émotion, sollicitez ses capacités d'autorégulation pour qu'il trouve lui-même des alternatives : « Que pourrais-tu faire à la place ? »

Mon astuce en plus : 5 comportements alternatifs possibles

C'est rarement lorsque votre enfant a de la peine ou qu'il pleure que ses comportements sont les plus difficiles à accepter, mais plutôt lorsqu'il a une forte dose d'énergie à extérioriser. Voici une petite liste de comportements à proposer à votre enfant pour exprimer sans violence des émotions explosives !

Joie : canalisez la vivacité	Colère : dirigez la force
• Sauter (sur place, avec une corde à sauter, sur un trampoline, etc.). • Danser (mettez de la musique). • Chanter. • Tourner. • Courir avec un but ou courir sur place (taper des pieds). • Lancer les bras au ciel.	• Souffler (devant soi, dans une paille dans l'air ou dans l'eau, ou dans sa main juste un peu ouverte devant la bouche). • Frapper fort un objet mou (de préférence dédié à ça). • Jeter un objet dur mais pas fragile (un ballon, un bâton, une pierre, etc.). • Taper des pieds, taper dans les mains de ses parents. • Déchirer une feuille de papier. • Crier (sur un objet).

Je joue ces comportements en amont

Ces alternatives doivent être proposées en dehors des moments forts en émotions. Idéalement, faites-les lui jouer pour de faux. Cela aidera votre enfant à se les approprier. Plus il aura ces nouveaux comportements en tête, plus il pourra y accéder facilement en cas de tempête émotionnelle. Le jeu est un excellent support pour partager ces notions importantes. Utilisez des personnages : « Tu vois, la princesse a envie de pousser le prince dans l'étang, mais elle va plutôt souffler fort et aller faire un tour dans le jardin… »

Commencez le plus tôt possible…
D'après le Dr Daniel J. Siegel, même les plus petits sont capables d'adopter des comportements non violents pour exprimer une forte émotion. Au début ce ne sera pas toujours le cas, mais, chaque fois qu'ils choisiront une alternative à la violence, leur cerveau du haut se développera et ces nouveaux automatismes se renforceront.

Je montre l'exemple

Le meilleur moyen pour que votre enfant adopte les attitudes que vous proposez est de les adopter vous aussi. Il apprend en majeure partie par imitation. Oubliez le fameux « Fais ce que je dis, pas ce que je fais » ! Lors d'une situation réelle ou pour faire semblant, verbalisez l'émotion que vous ressentez et montrez le comportement que vous choisissez pour l'exprimer. Par exemple, on vient de vous appeler et vous êtes en colère. Dites : « Ah ! Je suis tellement énervée ! J'ai envie de jeter mon téléphone par terre ! Mais j'y tiens ! Je vais plutôt aller me défouler sur papa… (allez, un peu d'humour !), non, je vais plutôt déchirer cette feuille. »

Mon programme pour aider mon enfant à développer son intelligence émotionnelle

Vous avez accueilli ses émotions avec brio, vous avez redirigé ses comportements indésirables avec patience, mais comment le rendre plus autonome ? Ce programme va l'aider à passer du stade où il se sent envahi et dépassé par ses émotions à celui où il peut les reconnaître dans son corps, ne plus en avoir peur, et choisir lui-même comment les exprimer. Phase après phase, profitez des moments de calme pour développer les compétences émotionnelles de votre enfant !

L'intelligence émotionnelle, concept phare ou idée à la mode ?
Le médecin et professeur en neurologie et neurosciences Antonio Damasio a étudié le fonctionnement du cerveau dans le processus de prise de décision. Que ce soit pour des choix personnels ou professionnels, minimes ou très importants, les émotions et sentiments sont indispensables afin de prendre des décisions rationnelles. Ils permettent d'orienter, de mettre en garde. L'intelligence purement intellectuelle n'est plus l'unique forme d'intelligence reconnue. Un nouvel objectif s'offre à vous et à votre enfant : lier la raison et les émotions pour mieux décider !

Phase 1 : j'aide mon enfant à écouter ses ressentis

Le pédagogue français Luc Nicon a développé une technique d'observation de ses ressentis, nommée « technique d'identification sensorielle des peurs inconscientes » (Tipi). Elle vise à renforcer encore l'attention de votre enfant sur ses ressentis et peut être utilisée en pleine émotion mais aussi après coup. Vous pouvez vous en inspirer et lui proposer de suivre ces quatre étapes :

→ **Ferme les yeux**, dans un endroit où tu te sens en sécurité et où tu ne seras pas dérangé.

→ **Observe ton corps.** Demandez-lui, le plus calmement possible : « As-tu la gorge serrée ? As-tu le cœur lourd ? Est-ce que tes mains sont moites ? As-tu froid ? », etc.

→ **Laisse faire.** Dites à votre enfant de ne pas chercher à comprendre, de ne pas tenter de respirer pour apaiser, simplement de laisser faire. Il est en sécurité.

→ **Jusqu'à te sentir apaisé.** L'émotion se libère d'elle-même (en une minute ou deux, même si ça paraît parfois très long). Il peut alors reprendre ses activités, le cœur plus léger !

Si vous voulez, un peu plus tard, demandez-lui s'il ressent toujours les mêmes sensations ou si elles ont « disparu ». Ça l'aidera à prendre conscience que ses ressentis sont éphémères et ne le mettent pas en danger.

Jouez avec les sensations

En fonction des émotions, tout le monde ressent, à divers degrés, des sensations physiques communes. Gardez cette check-list à l'esprit pour guider votre enfant vers ses possibles sensations. Aidez-le à passer en revue les parties « clés » de son corps. Vous pouvez aller du bas vers le haut (jambes, ventre, mains, cœur, gorge, mâchoire, bouche, sourcils), ou de l'intérieur vers l'extérieur (cœur, chaleur dans la poitrine, chaleur de la peau).

→ **Peur**
Battements du cœur qui s'accélèrent, froid, chair de poule, bouche sèche, mains moites, estomac noué, visage pâle.

→ **Colère**
Battements du cœur qui s'accélèrent encore plus, chaud, mâchoire tendue et avancée, sourcils froncés, poings serrés, envie de frapper.

→ **Amour**
Chaleur dans la poitrine, cœur qui bat doucement, détente, mains chaudes, visage rosi.

→ **Joie**
Chaleur dans la poitrine, cœur qui bat lentement et fort, respiration ample.

→ **Tristesse**
Baisse de tonus, poitrine serrée, crispation des jambes et des bras, pleurs.

→ **Dégoût**
Nez plissé, lèvre du haut qui se retrousse, nausée, cœur qui ralentit.

Phase 2 : j'aide mon enfant à apprivoiser ses émotions

Mettre des mots sur ses ressentis et les définir peut aider votre enfant à retrouver une juste distance après une émotion, mais aussi à se sentir plus serein face à ce qui le traverse. Le but n'est pas, vous l'aurez compris, de couper l'émotion en y appliquant tout de suite des mots et du rationnel, mais de l'aider à comprendre ce qu'il vit, une fois que l'émotion est passée.

Je lui présente les principes clés des émotions

Voici les grands principes que vous pouvez partager avec votre enfant :

- Il y a une infinité d'émotions, et tu peux affiner tes connaissances juste en t'écoutant et en prêtant attention à ce que tu ressens.
- Certaines émotions sont agréables et d'autres désagréables, mais elles ne sont ni bonnes ni mauvaises.
- Elles ne durent pas longtemps : quelques minutes au maximum.
- Elles sont toutes légitimes, tu as le droit de les ressentir.
- Tout le monde ressent des émotions.
- Tu peux apprendre à maîtriser la façon dont tu veux les exprimer.
- Tu peux essayer de comprendre ce que t'indique une émotion, c'est-à-dire de quoi tu as besoin.

Je l'invite à nommer ses émotions grâce à la roue des émotions

Pour présenter les principales émotions à votre enfant, fabriquez avec lui sa propre roue des émotions (et laissez-le faire tout ce dont il est capable en fonction de son âge, comme découper, écrire, etc.) !

Voici le matériel dont vous aurez besoin :

- Une paire de ciseaux.
- Un compas.
- Une règle.
- Des feutres ou crayons de couleur.
- Une attache parisienne.
- Une feuille de papier épais (format A4).

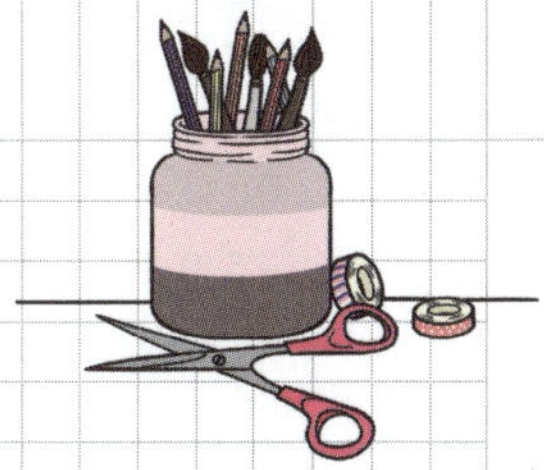

1. À l'aide d'un compas, faites un cercle de 30 cm de diamètre sur un papier un peu épais.
2. Avec la règle, tracez des lignes droites pour découper votre cercle en un camembert de 4 ou de 12 portions, en fonction des émotions à présenter.
3. Sur le papier, dessinez une flèche d'environ 5 cm de longueur et 2 cm de large.
4. Inscrivez une émotion dans chaque part du camembert, soit les 4 grandes émotions soit les 12 émotions plus détaillées : la joie (ou joyeux, serein, et euphorique), la peur (ou apeuré, inquiet, et mal à l'aise), la tristesse (ou malheureux, découragé, et déprimé) et la colère (ou mécontent, frustré, et furieux).

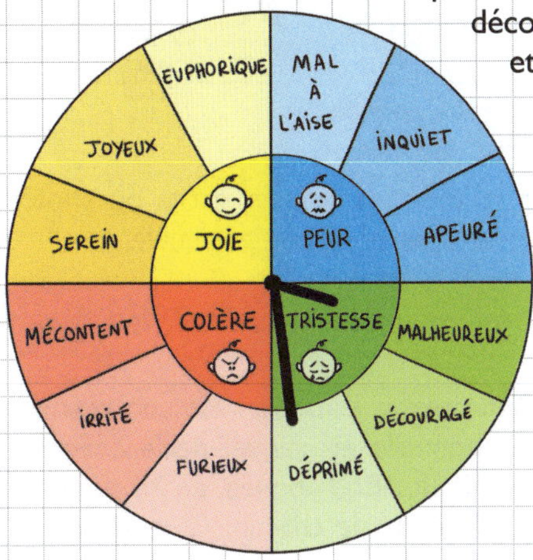

5. Découpez votre cercle et votre flèche.
6. Faites un petit trou au milieu de votre roue et à la base de la flèche, puis attachez-les ensemble à l'aide de l'attache parisienne. Ça y est, elle est prête à tourner !

Idée bonus
Vous pouvez illustrer chaque émotion, surtout si votre enfant ne lit pas encore : dessinez un petit visage expressif, imprimez des images d'émotions que vous trouverez facilement sur internet, ou encore photographiez votre enfant mimant différentes émotions !

Je mets des mots sur ses émotions

Au fur et à mesure qu'il grandit, offrez-lui un vocabulaire de plus en plus détaillé et précis pour l'aider à comprendre ses émotions et à se sentir moins impuissant. Par exemple, s'il vous dit : « Ce puzzle est trop difficile ! », au lieu de répondre : « Regarde, c'est facile, je vais t'aider ! », vous pouvez proposer : « Ah, je pense que tu es frustré. Ça ne marche pas alors que tu essayes partout. Il y a tant de pièces… ce n'est pas facile. » Utilisez aussi le pouvoir magique de l'écriture ! Mettez par écrit ses peurs, ses envies, ses déceptions, et cherchez ensemble des idées pour qu'il se sente mieux. Écrire a un pouvoir libérateur.

J'évite les « Oui, mais », j'essaye le « Même si tu sais… »
Reconnaître les sentiments de votre enfant en lui disant : « J'ai bien vu que tu étais très déçu… *mais* maman travaille, donc c'est moi qui viens te chercher », c'est comme reprendre le cadeau que vous venez de lui faire. C'est lui dire : « J'ai vu comment tu te sentais *mais* de toute façon c'est autrement. » Essayez de remplacer le « mais » par « même si tu sais », ou « le problème, c'est que ». Par exemple : « Même si tu sais que maman travaille ce soir, tu étais déçu car tu aurais beaucoup aimé qu'elle vienne te chercher. » Ça change tout.

J'utilise d'autres supports

En plus des mots, utilisez différents types de supports pour parler des émotions ! Beaucoup de messages peuvent passer à travers un dessin, de la peinture, de la pâte à modeler, une chanson, du découpage, etc. Vous sentez que quelque chose chiffonne votre enfant ?

- ✔ Dessinez-lui un bonhomme à l'air triste, ou interrogateur, pour initier le dialogue. Il y ajoutera peut-être des petites larmes, ou un grand sourire.
- ✔ Faites parler la pâte à modeler : « Je suis ton estomac tout noué à cause de cet exposé à faire, masse-moi un peu pour me détendre ! »
- ✔ Maniez l'humour sans vous moquer, surtout lorsque vous abordez des émotions que votre enfant peut considérer comme gênantes.
- ✔ Vous pouvez aussi lui suggérer de tenir un petit journal avec ses dessins, écrits ou photos d'événements forts pour lui, sur lequel vous pourez revenir et en parler ensemble.

Je l'aide à faire le lien entre ses émotions et ses besoins

Souvenez-vous, l'émotion est une réaction personnelle et unique, déclenchée par une situation donnée, en fonction des besoins de chacun. C'est pourquoi deux personnes réagiront très différemment à la même situation. La personne ou l'événement ne détermine pas une émotion, il est « seulement » le facteur déclenchant. Aidez votre enfant à chercher quel besoin se cache derrière l'émotion qu'il a ressentie. Il se sent en colère ? Éprouve-t-il le besoin de mieux exprimer ses envies, de se sentir plus écouté ou respecté, de rétablir une certaine justice ? Il a eu peur ? A-t-il besoin de se sentir plus en sécurité (faire un abri ?), d'être rassuré, d'avoir plus d'informations ? Direction le chapitre suivant !

Phase 3 : j'aide mon enfant à prendre du recul

Une fois que votre enfant commence à avoir conscience de ses ressentis et à exprimer ses émotions, vous pouvez passer à la phase suivante, en l'aidant à mettre de l'ordre dans ses pensées et à rediriger son attention vers ce qu'il souhaite. Il se sentira ainsi moins soumis aux aléas de ses sensations, pensées ou désirs. Pour cela, découvrez deux outils développés par le Dr Dan J. Siegel : la roue de la conscience et le SISP.

La roue de conscience (ou claire conscience)

Imaginez une roue de vélo, avec un centre, la jante et les rayons. Le centre représente l'endroit où l'esprit est calme, omniscient. Votre enfant peut alors se rendre compte que certains points sont tout petits et qu'il n'est pas obligé de leur accorder autant d'importance. Par exemple, votre enfant a peur de ne pas bien réussir son exposé devant toute la classe demain. Il a l'estomac noué, les épaules tendues. S'il représente tous ses ressentis, pensées, désirs, besoins sur la roue, son inquiétude n'occupera qu'une partie : il a aussi confiance en son travail, envie d'impressionner ses camarades, etc. Il ne doit donc pas se focaliser sur ce seul aspect « désagréable », et peut choisir sur quoi recentrer son attention. Aidez-le à créer sa roue de la conscience dès qu'il se sent « bloqué » sur un sentiment.

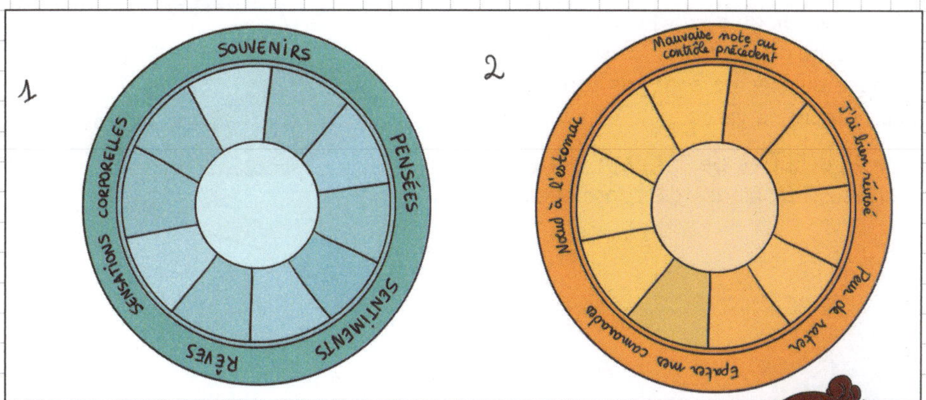

Le SISP (Sensations, Images, Sentiments et Pensées)

Pour mettre de plus en plus de choses sur sa roue de la conscience, votre enfant peut s'entraîner à être attentif à tout ce qui se passe en lui en jouant au SISP. Qu'est-ce que c'est? Dans une situation donnée, pendant un trajet en voiture, la veille d'un examen, le matin de son anniversaire, proposez-lui de dire tout haut ce qu'il a comme :

1. **Sensations dans le corps :** Vous savez maintenant comment l'aider. Il pourra vous dire : «J'ai plein d'énergie! Je veux bouger et sauter et courir!»
2. **Images dans la tête :** Votre enfant a toujours des images en tête, provenant de souvenirs, ou de son imagination. Il peut s'imaginer sous une montagne de cadeaux, si c'est important pour lui, ou encore entouré de tous ses amis riant à ses côtés. S'il a peur d'être seul, une image de ses amis s'amusant sans lui peut lui venir. Les images révèlent beaucoup de pensées non conscientes.
3. **Émotions et sentiments :** Proposez-lui aussi de décrire précisément ses émotions et ses sentiments : «Je suis en même temps excité, heureux, et j'ai un peu peur que Théo ne puisse pas venir, comme il était malade hier.»
4. **Pensées :** Les pensées représentent ici la façon dont il se raconte sa vie et peut en tirer des «croyances», comme «Le jour de mon anniversaire, je fais ce que je veux, haha! Fini les règles!», ou bien «Je vais devoir faire semblant d'aimer ce qu'on m'offre». C'est l'occasion de lui apprendre qu'elles ne sont pas toutes bonnes à croire ni même à garder.

Guidez-le au début et, petit à petit, il s'appropriera ces précieuses techniques de conscience de soi.

Chapitre 3

Soyez à l'écoute des besoins de votre enfant

La communication bienveillante passe aussi par la recherche de ce qui a engendré une telle émotion ou un tel comportement. Selon Marshall B. Rosenberg, tous nos actes ont pour but ultime de répondre à nos besoins. Si chaque être humain a globalement les mêmes besoins vitaux, nous ne les hiérarchisons cependant pas de la même façon, et chacun y répond de manière unique et personnelle. C'est une part essentielle de notre singularité. Il en est de même pour votre enfant. En écoutant ses besoins et en l'aidant à les satisfaire à sa façon, vous lui permettez de reconnaître ce qui est important et bon pour lui. Vous lui donnez ainsi les clés pour être autonome, responsable et avoir une estime de lui juste.

Les besoins sont les moteurs de nos actions

Pourquoi agit-on d'une façon plutôt que d'une autre ? Pourquoi réagit-on différemment devant une même situation ? Parce que nous cherchons à satisfaire certains besoins plutôt que d'autres ! Découvrez ici quels besoins nous partageons tous, pourquoi il est vital d'y répondre et comment les besoins particuliers des enfants ont peu à peu été reconnus.

Qu'entend-on par « besoins » ?

En communication bienveillante, le terme « besoins » désigne tout ce qui est indispensable à la survie (les besoins physiologiques, comme dormir et manger) mais aussi ce qui contribue à la sécurité (physique et affective) et à l'épanouissement (autonomie, créativité, acceptation, etc.).

Pourquoi en parler ?

Parler de vos besoins et de ceux de votre enfant, c'est vous exprimer sur un plan situé hors zone de conflit. Tout le monde est capable de reconnaître que l'autre a aussi des besoins essentiels. Par exemple, si votre enfant vous demande des bonbons pour la cinquième fois, vous êtes susceptible de vous énerver. Mais s'il vous dit qu'il a besoin de manger, votre attitude sera complètement différente, car il est naturel de vouloir aider nos proches à répondre à leurs besoins. L'idée à retenir est la suivante : trouver de quoi on a vraiment besoin afin de chercher ensemble des stratégies pour y répondre.

Pourquoi il est essentiel de les reconnaître et de les combler

Votre enfant, comme tout être humain, ressent des besoins particuliers à chaque instant. C'est la volonté de les satisfaire qui va motiver ses actions, et, comme nous l'avons vu, induire ses émotions. Certains besoins sont très conscients, d'autres moins, voire pas du tout. Or, selon la vision positive de l'homme sur laquelle repose la communication bienveillante, il est essentiel d'apprendre à se connaître et à se respecter, pour soi mais aussi pour vivre avec les autres. Comment ? En comprenant les besoins qui vous motivent ainsi que ceux qui motivent votre enfant, chacun développe une estime de lui saine. Imaginez : votre enfant n'a plus faim, mais comme il n'a pas fini son assiette, vous insistez pour qu'il termine. En limitant l'écoute de ses besoins et son autonomie, il dégrade cette estime et risque de s'habituer à voguer au gré des envies et besoins des autres, au détriment de sa propre intégrité.

Les enfants ont des besoins spécifiques : un brin d'histoire

On décrypte les besoins de l'être humain

Dans l'approche humaniste, l'une des représentations les plus connues des besoins humains est la pyramide du psychologue américain Abraham Maslow. En étudiant les motivations humaines, il établit dans les années 1940 une pyramide représentant cinq groupes de besoins fondamentaux : les besoins physiologiques, de sécurité, d'appartenance et d'amour, d'estime et le besoin

de s'accomplir. Cette représentation reste largement utilisée, même si certains scientifiques s'interrogent sur la pertinence de cette pyramide pour des cultures non occidentales. Dans la même lignée que Maslow, Marshall B. Rosenberg a établi une liste des besoins de base que nous partageons tous.
En voici quelques-uns :

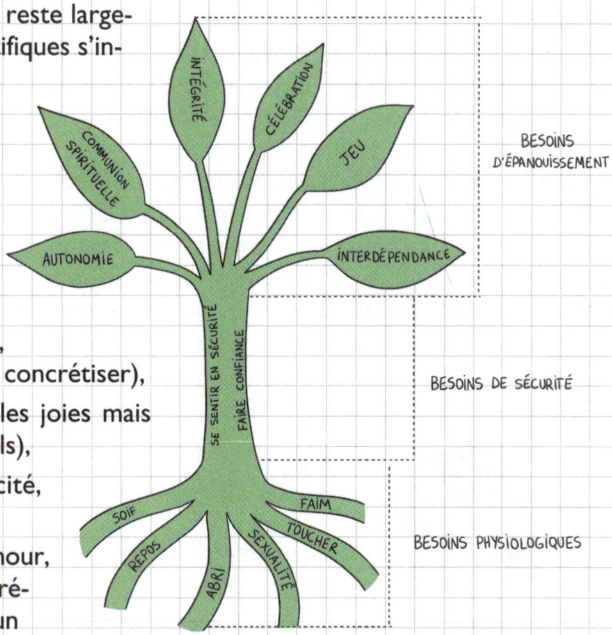

- **le besoin d'autonomie** (choisir ses rêves, ses projets de vie, ses valeurs, et les moyens de les concrétiser),
- **le besoin de célébration** (fêter les joies mais aussi célébrer les pertes, les deuils),
- **le besoin d'intégrité** (authenticité, créativité, recherche de sens),
- **le besoin d'interdépendance** (amour, sécurité, respect, confiance, compréhension, soutien, appartenance à un groupe, etc.),
- **le besoin de jouer** (s'amuser),
- **le besoin de spiritualité** (inspiration, harmonie, paix, etc.),
- **les besoins physiologiques** (abri, nourriture, repos, contact physique, etc.).

Mais alors, qu'en est-il des enfants ? Ont-ils les mêmes besoins fondamentaux que les adultes ou certains besoins sont-ils plus cruciaux pendant l'enfance ?

...puis les besoins spécifiques des enfants

Ce n'est qu'au début du XXe siècle en Europe que de nouvelles études scientifiques et pédagogiques identifient les besoins spécifiques des enfants. Maria Montessori révèle que les enfants ont des besoins bien particuliers en fonction de leur âge et propose une pédagogie nouvelle basée sur des principes extrêmement novateurs pour l'époque : l'autonomie et le respect du rythme de chaque enfant. Emmi Pickler étudie, quant à elle, la toute petite enfance, du besoin d'un environnement sécurisant pendant la grossesse jusqu'au besoin de mouvement libre chez les nourrissons. On lui doit, entre autres, le concept de motricité libre, selon lequel le bébé doit pouvoir se déplacer sans contrainte, au sol, dans des vêtements confortables, etc.

... qu'on continue à affiner

Dans les années 2000, T. B. Brazelton et S. I. Greenspan – respectivement pédiatre et pédopsychiatre, et professeurs de pédiatrie clinique à Harvard et Georges-Washington –, établissent une liste des besoins fondamentaux universels des enfants. Ils regroupent ainsi sept besoins « sans quoi ils ne peuvent ni grandir, ni apprendre, ni s'épanouir ». Aux besoins physiques connus, viennent s'ajouter les besoins affectifs, émotionnels et les besoins d'autonomie. En France, les travaux d'Isabelle Filliozat et de Catherine Dumonteil-Kremer, consultante familiale et formatrice, réaffirmeront l'importance de connaître et de satisfaire les besoins affectifs des enfants, essentiels à leur bon développement.

Mon enfant a des besoins bien à lui

Dis comme ça, ça peut sembler évident. Mais comprenez-vous toujours ce qui motive les actes de votre enfant ? Ses besoins vous semblent-ils parfois farfelus, et même superficiels ? Décryptez les besoins considérés essentiels pour votre enfant et voyez de quelle façon vous pouvez l'aider à les satisfaire !

Besoin n° 1 : se nourrir, évidemment

Vive les aliments frais et nutritifs

L'estomac de votre enfant est petit. Quelques bonbons, sucreries, un jus de fruits et, dommage, il n'y a plus de place pour le reste ! Proposez en priorité des aliments de bonne qualité nutritionnelle : fruits et légumes (glucides et antioxydants), protéines (fer, vitamines B12 et B2, acides gras, Oméga-3), et céréales (vitamine B1, B2 et glucides). Privilégiez les aliments frais et les sucres « vivants », comme le sirop d'agave, et laissez de l'eau à disposition en permanence (d'abord dans un biberon ou un petit verre puis avec un pichet à sa hauteur).

Mon astuce en plus : je lui fais confiance

De nombreux parents s'inquiètent de la faible quantité de nourriture qu'ingère leur enfant. Dans les années 1920, la nutritionniste Adelle Davis a démontré que les enfants choisissent eux-mêmes une alimentation équilibrée dès l'âge de 6 mois ! Leur équilibre alimentaire ne se calcule pas sur un repas ou une journée : ils peuvent ainsi ne manger qu'un ou deux aliments pendant plusieurs jours, et parfois de très petites quantités, puis des plâtrées impressionnantes. Le pédiatre espagnol Carlos González invite les parents à replacer la confiance au cœur du repas : laissez votre enfant choisir ce qu'il veut et en quelle quantité. À vous de lui proposer des aliments sains et variés ! Vous pouvez aussi essayer, dans la mesure du possible, d'être flexible sur les heures des repas (votre enfant peut avoir faim à des horaires différents d'un jour à l'autre).

Je favorise l'autonomie

Pour mettre cette confiance à profit, laissez à votre enfant un maximum d'autonomie pendant le repas. Vous pouvez lui apprendre à utiliser une petite cuillère et une fourchette dès qu'il commence à maîtriser ses gestes, pour qu'il mange seul. Vous pouvez aussi lui apprendre à couper ses aliments en se servant d'un couteau. Apportez les plats ou casseroles (tièdes et non brûlants) à table et laissez-le se servir. S'il est trop jeune pour se servir seul, ne mettez qu'une petite quantité dans son assiette (la moitié de ce qu'il mangerait d'après vous) et laissez-le vous demander de le resservir.

L'autonomie en toute sécurité
Pour que votre enfant ne se blesse pas, vous avez deux solutions : mettre hors de portée les objets dangereux ou lui apprendre à s'en servir, pas à pas. Vers 1 an et demi, apprenez-lui à utiliser un couteau en commençant par le laisser tartiner (beurre, confiture, purée d'amandes, etc...), montrez-lui comment monter et descendre l'escalier en se tenant à la rampe, comment porter un objet fragile avec ses deux mains, etc.

Besoin n° 2 : dormir, c'est essentiel

Le sommeil, la clé du bien-être

Bien dormir est essentiel pour le bon développement de votre enfant. Un peu de fatigue, et vous pouvez oublier tout espoir de coopération. Et trop de fatigue accumulée peut nuire significativement à son développement. Comme vous l'avez sûrement remarqué, les besoins de sommeil de votre enfant sont différents des vôtres. Vous rêvez (éveillé, bien sûr !) de nuits longues et sans interruption. Première nouvelle, ce n'est que vers 5 ou 6 ans que votre enfant accédera à un rythme de sommeil proche du vôtre, en termes de phases de sommeil. Deuxième nouvelle, vous aussi avez des réveils nocturnes, mais, à la différence de votre enfant, vous savez vous rendormir seul. Voilà pourquoi il peut encore avoir besoin de vous la nuit !

Mon astuce en plus : je garde en tête son rythme

Pour mieux comprendre les besoins de sommeil de votre enfant, voici quelques repères partagés par le Dr Rosa Jové :

- De 9 à 18 mois : 10 à 13 heures, avec deux siestes ou plus pendant la journée, 85 % du sommeil pendant la nuit et plusieurs réveils possibles.
- De 18 mois à 3 ans : 9 h 30 à 12 heures, avec souvent une seule sieste en journée, 85 % du sommeil pendant la nuit et plusieurs réveils possibles.
- De 3 à 4 ans : 8 à 12 heures, de moins en moins de siestes et quelques réveils pendant la nuit encore possibles.
- De 4 à 6 ans : 8 à 11 heures, généralement plus de sieste ni de réveils nocturnes réguliers.

Besoin n° 3 : prendre soin de son corps

Bain ou douche, ce soir ?

Pour son hygiène et sa santé, mais aussi sa dignité, votre enfant a besoin que vous l'aidiez à prendre soin de son corps. Sans tomber dans une hygiène hospitalière, trouvez le juste équilibre avec lui pour le change, les bains, le lavage des mains, le brossage des dents, le soin de ses vêtements, etc. Ces apprentissages renforcent aussi son autonomie et sa confiance en lui.

Prendre soin de soi, et de ses affaires

La plupart des enfants sont sensibles à la beauté des matières, des objets, des agencements. Dès le plus jeune âge, ils remarquent ce dont vous prenez soin. Votre enfant sera plus soigneux avec de beaux objets plutôt qu'avec des imitations. N'hésitez pas à utiliser de « vrais » objets dès que vous le pouvez (verre en verre, bol en porcelaine, cuillère en inox, etc.).

Mon astuce en plus : encore de l'autonomie !

Dès que vous pensez qu'il est en mesure de réaliser quelque chose par lui-même, encouragez-le. Cela le motivera et vous aurez moins de choses à faire ! Préparez ce dont il a besoin (par exemple un gant de toilette, une petite serviette, sa brosse à dents et son dentifrice, une brosse à cheveux, une petite trousse à pharmacie avec des baumes, des huiles végétales, du sérum physiologique et quelques pansements, etc.) pour qu'il puisse ensuite faire seul ou, si nécessaire, sous votre « regard », mais sans que vous interveniez.

Mettez à sa disposition un marchepied ou une petite tour pour qu'il puisse accéder seul au lavabo. Vous pouvez aussi lui apprendre à nettoyer les petites taches sur ses vêtements.

La « crise des deux ans » : crise d'autonomie !
Cette fameuse phase dite « d'opposition » que les parents redoutent, à son apogée entre 18 et 24 mois, est en réalité le signe de son besoin d'autonomie. Votre enfant, quand il répète « non », veut vous dire : « Oui, je veux faire moi-même, pas encore tout seul, mais sous ton regard encourageant. » Ce sont souvent les adultes qui ont du mal à lâcher prise, à déléguer un peu de leur pouvoir : « C'est trop dur pour toi, je vais le faire à ta place, ça ira plus vite. » Comme l'explique le thérapeute Jesper Juul, il faut trouver le moyen de le laisser faire, sans le laisser seul.

Besoin n° 4 : bouger, bouger et encore bouger

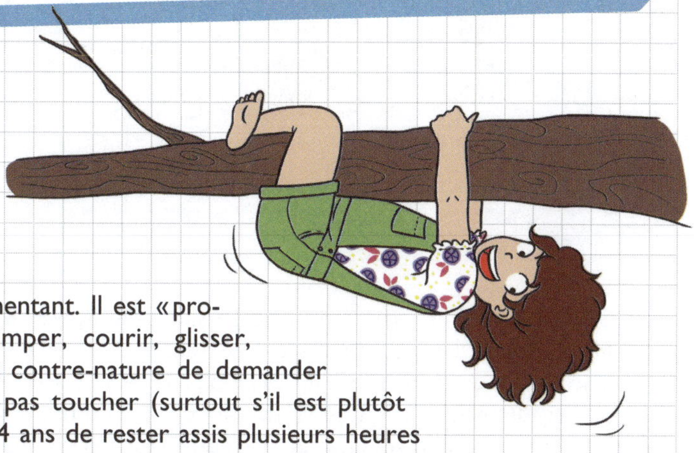

Votre enfant s'épanouit et apprend en bougeant. Il découvre le monde qui l'entoure par ses sens, en expérimentant. Il est « programmé » pour escalader, grimper, courir, glisser, sauter, etc. Il est littéralement contre-nature de demander à votre enfant de 1 an de ne pas toucher (surtout s'il est plutôt tactile !), ou à votre enfant de 4 ans de rester assis plusieurs heures d'affilée. Vive les sorties, les promenades, la marche, sans oublier les vêtements et chaussures pratiques et confortables ! Votre enfant a besoin d'air et de lumière pour être en bonne santé (et vous aussi d'ailleurs). Après des moments « immobiles » (activité assise, trajet en voiture, etc.) consacrez un temps au mouvement, si possible en extérieur !

Besoin n° 5 : se sentir en sécurité

Être libre dans un cadre sécurisant

En tant que garant de la sécurité physique et affective de votre enfant, vous lui assurez un abri, un niveau de confort acceptable, et le protégez des dangers physiques et affectifs. Par exemple, même s'il sait nager, vous ne le laisserez pas trop s'éloigner du rivage, ou vous vous assurerez qu'il ne voit pas d'images choquantes pour son âge. Vos limites et celles de l'intérêt collectif (oui, il y a aussi la loi) forment le cadre dans lequel il est libre d'agir. Votre enfant vous fait confiance pour prendre soin de lui et lui accorder la dose de liberté qu'il peut gérer pour grandir. La liberté s'applique aussi à ses apprentissages. Évitez de les diriger ou de les lui imposer. Faites-lui confiance, il est en mesure de choisir ce dont il a besoin parmi ce qui lui est offert !

J'assure sa sécurité affective
Selon Isabelle Filliozat, pour sa sécurité affective, votre enfant doit se sentir exister aux yeux des autres, accepté tel qu'il est (« Tu as ta place dans cette famille »), apprécié pour ce qu'il est (« J'aime être avec toi »), et en confiance. Cette confiance globale est une sorte de mille-feuille composé de plusieurs niveaux de confiance : la sécurité intérieure, la confiance en l'autre et la confiance en soi (en son avis, en ses pensées, en ses compétences).

Mon astuce en plus : je lui donne des repères

Tous les enfants s'attachent à quelques repères stables. Certains sont très sensibles à des horaires fixes, d'autres à la répétition d'étapes connues (dîner, bain, histoire, dodo), d'autres encore à l'endroit où se trouvent les objets ou les personnes (place à table, dans le canapé, etc.). Cela dépend en grande partie du langage sensoriel de votre enfant. Une fois que vous avez identifié ce à quoi il est particulièrement sensible, apportez-lui une certaine stabilité et une cohérence dans ce domaine. Par exemple, réservez aux jeux ou aux activités une place précise, regroupez-les par thème (musique, géographie, etc.). Instaurez des petits rituels pour les situations de la vie quotidienne (ouverture des rideaux-réveil par un bisou-habillage-toilette-petit déjeuner, etc.).

Besoin n° 6 : essayer, rater, apprendre

La juste dose de stimulation

Votre enfant a besoin de stimulations adaptées, ni trop, ni trop peu. On ne parle pas ici de transformer votre salon en salle de classe, mais de favoriser au maximum les activités stimulantes et adaptées à son développement et à ses préférences, tout en acceptant les moments de répit et d'ennui qui sont aussi essentiels. S'il trouve ses propres activités, c'est parfait ! Il passe des heures à observer les allées et venues des fourmis ? Laissez-le faire ! S'il vous demande ce qu'il pourrait bien faire, aiguillez-le vers des activités qui ont un but : proposez-lui de choisir certains produits pendant les courses, de boutonner son manteau, de verser des aliments dans des bols, de comparer (différentes graines, par exemple), d'organiser, de trier, etc. Il appréciera tout ce qui a un sens et qui peut s'appliquer dans sa vie quotidienne.

Les compétences clés pour l'apprentissage « scolaire »
Les apprentissages « scolaires », comme lire, écrire et compter, nécessitent d'abord le développement de compétences fondamentales telles que l'attention, la mémoire, la patience, la persévérance, l'identification de l'erreur et la recherche de solutions, ainsi que l'inhibition de certains comportements. Tout cela n'est possible que si votre enfant peut... essayer ! Céline Alvarez, ex-professeur des écoles aujourd'hui auteure et conférencière, s'inspirant des travaux de Maria Montessori et des recherches en neurosciences, soutient l'importance d'aider les enfants à développer ces compétences, en changeant notamment notre regard sur l'échec et en les encourageant à essayer et à persévérer.

Mon astuce en plus : ne pas déranger !

Dans la mesure du possible, réservez à votre enfant un endroit où il pourra faire des activités ou se retirer pour être tranquille et ne rien faire quand il le souhaite. Pour les plus jeunes, placez cet endroit dans le salon ou près de la pièce de vie principale si vous le pouvez, afin qu'il soit au calme sans être trop isolé (il risque de ne jamais utiliser ce coin sinon). Et, même si c'est très tentant de lui lancer un petit « Bravo ! Tu joues bien ! », évitez de le déranger lorsqu'il mobilise son attention, la concentration demande un peu de retrait.

Besoin n° 7 : appartenir à un groupe

Votre enfant a besoin de vivre dans un milieu plus large que le cercle familial de ses parents et frères et sœurs. Il a besoin de communiquer avec d'autres, de partager un langage, un type d'humour, des principes, une culture. La valorisation du couple, l'importance accordée à la famille nucléaire au milieu du XXe siècle, la plus grande place accordée au travail dans la vie de nombreuses femmes sont autant de facteurs qui ont changé le modèle communautaire traditionnel. Cependant, le désir d'être ensemble reste bien présent. Alors, que ce soit à travers une communauté familiale élargie, culturelle ou amicale, qu'elle date de cent ans ou se soit créée autour de rencontres récentes, se sentir intégré et accepté est un besoin essentiel pour votre enfant.

3 clés pour répondre aux besoins de mon enfant

Je prends soin de notre relation

Certains besoins sont-ils plus importants que d'autres ? Doit-on d'abord en combler certains pour pouvoir en satisfaire d'autres ? La vision historique et hiérarchisée des besoins évolue. Des spécialistes de l'enfance soutiennent qu'il existe, pour l'enfant, un seul et unique « méta-besoin ». Celui qui comble, ou empêche, tous les autres. Il s'agit de la nécessité qu'ont les enfants d'établir des relations affectives stables avec des personnes de leur entourage immédiat, qui peuvent et veulent prendre soin d'eux (Observatoire national de protection de l'enfance, octobre 2016). C'est plutôt une bonne nouvelle ! Vous pouvez ainsi combler tous les besoins de votre enfant en valorisant la relation qui vous lie, en l'écoutant et en partageant vos vies.

Je connais les grandes étapes de développement de mon enfant

Selon Maria Montessori, chaque enfant passe par différentes étapes de croissance. Son développement n'est pas linéaire, mais guidé par des besoins particuliers à chaque étape.

- **De la naissance à 6 ans, l'enfant est un petit explorateur sensoriel** et absorbe tout de son environnement par ses expériences, en touchant, regardant, goûtant, écoutant et sentant. Il construit aussi, pendant cette période, les grands fondements de sa personnalité et les bases de sa confiance (le mille-feuille, rappelez-vous !). Il a besoin d'expérimenter par lui-même, tout en sentant votre présence à ses côtés : « Je te laisse te servir de l'eau, je te regarde. »

- **Puis, vers 6 ans, il devient un explorateur culturel.** Il développe ses qualités intellectuelles et sociales (sens de la morale, de la justice, etc.). Il s'ouvre au monde et cherche à donner un sens à ce qui l'entoure. Aidez-le en favorisant les projets culturels, scientifiques, artistiques, en famille ou en petit groupe, avec des amis. Vous l'aidez ainsi à élargir son horizon et à se situer dans des cercles de plus en plus larges (famille, amis, école, société).

Je fais la différence entre les besoins et les désirs

Vouloir répondre aux besoins de votre enfant ne signifie pas accéder à tous ses désirs. Les désirs ne sont pas des besoins, mais des façons possibles d'y répondre. Il a souvent beaucoup d'idées… mais, bizarrement, vous n'êtes pas toujours d'accord ! Par exemple, si votre enfant vous demande une chose à laquelle vous ne voulez ou ne pouvez pas accéder, essayez de comprendre de quoi il a réellement besoin afin de chercher ensemble des alternatives qui vous conviendraient à tous les deux. S'il veut que vous lui achetiez un jeu en particulier, peut-être ressent-il le besoin d'appartenir à un groupe en possédant le même jeu que ses copains. Vous pouvez lui proposer d'inviter des amis et de partager ses jeux à lui. S'il veut rester dormir chez un ami, peut-être a-t-il besoin d'indépendance. Pour commencer, proposez-lui de passer une soirée entière chez son ami. Plus vous prendrez l'habitude de fonctionner ainsi, plus il vous sera facile d'identifier le besoin à la source d'une demande.

Je l'aide à exprimer ses besoins

Même en connaissant les besoins de son enfant, il n'est pas toujours évident de comprendre pourquoi il a mordu son copain ou coupé sa frange en biais ! Dès son plus jeune âge, découvrez des outils qui vous permettront de décoder ce que votre enfant exprime et de l'aider à se faire mieux comprendre.

J'aide mon enfant à reconnaître son besoin

Point de départ : son ressenti

Comme vous l'avez vu, l'émotion impulsée par le cerveau de votre enfant dépend de son interprétation bien personnelle de la situation, en fonction de ses besoins. Expliquez cela à votre enfant et aidez-le à identifier ce qu'il ressent (ce que vous savez maintenant faire ! Voir p. 38). Vous lui donnez ainsi un point de départ pour trouver quel besoin a créé ce ressenti. Pour les plus jeunes, vous pouvez prendre l'initiative et proposer des pistes de réflexion : « Tu as l'air triste. As-tu besoin de… ? », ou encore « Je crois que tu te sens agacé parce que tu avais besoin de… ? ».

Un outil de plus : la roue des émotions… et des besoins

Pour aider votre enfant à mettre des mots sur ses besoins, vous pouvez ajouter une roue des besoins à votre roue des émotions (voir p. 40). En suivant le même procédé, créez une roue avec autant de besoins que vous le souhaitez et attachez-la derrière votre roue des émotions ! Au tout début, vous pouvez aussi créer une roue des stratégies concrètes, surtout si votre enfant est encore petit. Par exemple, pour répondre au besoin de mouvement, vous pouvez proposer de sauter, de courir, ou de danser. N'oubliez pas que les roues ne sont ni exhaustives, ni figées (une même stratégie peut répondre à différents besoins selon le moment et une émotion correspondre à différents besoins).

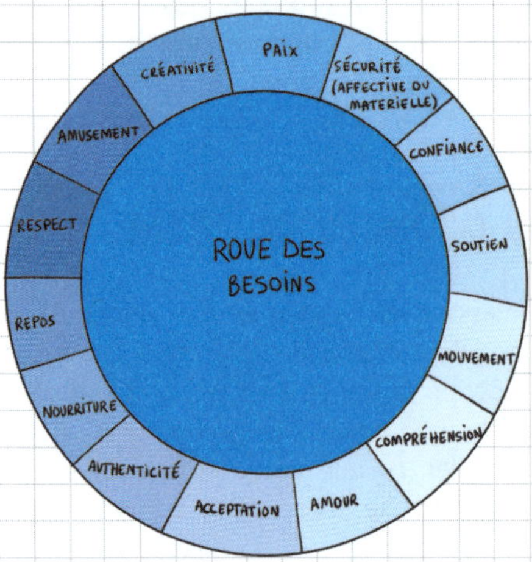

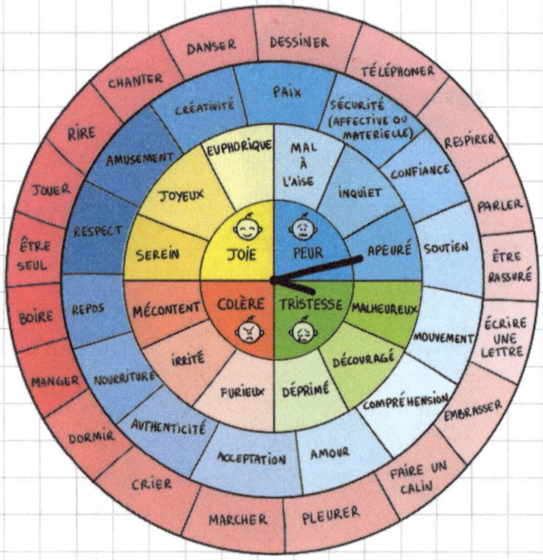

J'aide mon enfant à exprimer son besoin

Voici deux clés à proposer à votre enfant pour qu'il parvienne à exprimer ses besoins : parler de lui (et pas des autres) et dire ce dont il a besoin (au lieu de ce dont il n'a pas besoin ou ce dont il a envie). Aidez-le au début en reformulant ses phrases pour qu'il comprenne comment ça fonctionne et prenne petit à petit l'habitude de s'exprimer ainsi : « J'ai besoin de mettre mes chaussures moi-même », plutôt que « J'ai besoin que tu me laisses tranquille », ou « J'ai besoin de manger », plutôt que « Je veux des pâtes ».

Les 5 clés pour formuler ses demandes

Comme vous le savez, votre enfant dépend énormément de vous pour satisfaire ses besoins. Il vous sollicitera donc beaucoup au début, puis de moins en moins en grandissant. Apprendre à votre enfant à formuler ses demandes clairement et respectueusement, c'est bon pour lui, mais aussi pour vous. Voici donc les conseils à lui donner (et ils s'appliquent très bien aux adultes aussi !) :

1. **S'adresser à une personne en particulier :** « Papa, peux-tu me donner une banane ? » plutôt que « Je veux une banane ! ».
2. **Être le plus précis possible :** « Peux-tu me donner une banane ou une compote ? » pour éviter d'être passif et de dire non à toutes les propositions.
3. **Essayer de faire des demandes réalisables.** Il faudra un peu de temps à votre enfant pour y arriver, le temps qu'il apprenne et accepte les limites des autres.
4. **Laisser le choix :** « Serais-tu d'accord pour… ? », « Veux-tu… ? » plutôt que « Je veux que tu… ».

Je fais le bilan : du ressenti à la demande

Le processus vous semble peut-être long et fastidieux. Mais avec un peu de pratique, ça deviendra naturel et spontané. Vous constaterez aussi qu'une communication claire peut vous éviter de nombreux conflits ! En aidant votre enfant à reconnaître et à exprimer ses ressentis, besoins et demandes, si on résume – rêvons un peu à ce qui vous attend ! –, voilà ce qu'il pourra vous dire un jour :

- Votre enfant veut aller à un anniversaire alors que vous aviez prévu de partir en week-end : « Je suis vraiment déçu de ne pas pouvoir y aller, c'est très important pour moi, tous mes copains y seront et j'ai besoin d'être avec eux (d'appartenir à ce groupe). Papa et toi seriez-vous d'accord pour qu'on parte le week-end prochain ? Sinon, à la place, pourrais-je inviter mes amis à la maison un peu plus tard ? »
- Votre enfant en a marre de faire les courses avec vous et commence à s'énerver : « Je m'ennuie et je commence à me sentir énervé. J'ai besoin de calme et de retrouver ce que je connais (de la stabilité et de la sécurité). Pouvons-nous partir maintenant ? Sinon, puis-je avoir un jeu ou faire un dessin en attendant ? »

Chapitre 4

Vive la coopération !

Répondre aux besoins de tous les membres de la famille en même temps, ce n'est pas toujours évident. Mais allez, encore une bonne nouvelle : il est extrêmement rare que vos besoins soient définitivement incompatibles ! Ce sont surtout les façons d'y répondre qui le sont. Découvrez comment instaurer un climat de confiance et de coopération au quotidien et comment gérer les conflits. C'est parti !

Mon pas-à-pas anti-crise au quotidien

Se lever à l'heure, débarrasser son petit déjeuner, se brosser les dents, mettre son imperméable quand il pleut, bien faire ses devoirs, être gentil avec son frère, ranger ses affaires, etc. Vous avez une liste (plus ou moins longue) de choses que vous aimeriez que votre enfant réalise chaque jour. S'il vous écoutait, tout irait tellement plus vite, et c'est pour son bien, après tout ! Mais voilà, votre enfant a sa personnalité propre et il a besoin de protéger son intégrité. Alors, tout en respectant cela, voici 4 étapes qui vous aideront à mettre toutes les chances de votre côté pour qu'il coopère.

Étape 1 : je m'assure que mon enfant m'écoute

Je vérifie que j'ai toute son attention (ou presque)

Assurez-vous que votre enfant est attentif à ce que vous lui dites, surtout si vous voulez lui demander quelque chose. Ça peut paraître évident, mais pensez-y : vous arrive-t-il de l'appeler depuis une autre pièce, sans savoir ce qu'il fait exactement et s'il est disponible pour vous écouter ? Ou encore de continuer votre discours en partant faire autre chose ? Avoir son attention est indispensable pour que votre enfant comprenne votre message. Appelez-le par son prénom, regardez-le, touchez son épaule. Trouvez ce qui attire le mieux son attention sans le brusquer. Les quelques secondes que vous prendrez pour venir à lui et obtenir son attention vous en feront gagner bien plus !

Je vérifie qu'il est disponible

Pour avoir envie de coopérer, il faut que votre enfant soit disponible, c'est-à-dire qu'il n'ait pas de besoin plus « urgent » à satisfaire. En grandissant, il apprendra à inhiber ou à retarder la réponse à certains besoins, mais petit, c'est très difficile pour lui. S'il a faim, s'il a soif, s'il est fatigué ou s'il a d'abord besoin d'attention ou d'écoute, en cas de forte émotion par exemple (voir p. 27), il sera moins disposé à vous aider. S'il a quelque chose à vous dire ou à vous demander, écoutez-le avant de formuler votre propre demande. Tout le monde y gagnera !

Étape 2 : je décris mon besoin (ou le problème)

De la même façon que vous l'avez expliqué à votre enfant (voir p. 57), formulez votre besoin en termes positifs et n'impliquez personne d'autre que vous : « J'ai besoin de calme » et pas « J'ai besoin que tu te calmes », ou bien « Je vois tes chaussures dans l'entrée et j'ai besoin d'ordre » et pas « J'ai besoin que tu ranges ».

Étape 3 : je formule (enfin !) ma demande

Ça y est, c'est le moment de demander ce qui vous permettrait de répondre à votre besoin ! Mais, avant d'appliquer les techniques pour que vos demandes soient le plus efficaces possible (encore un peu de patience ! voir p. 62), vérifiez d'abord que votre demande n'est pas une exigence. Si vous laissez entendre à votre enfant qu'il n'a pas le choix, qu'il sera réprimandé ou puni s'il n'acquiesce pas, vous lui donnez un ordre, et vous savez maintenant ce que cela

entraîne : la soumission ou la rébellion. Il arrive bien sûr que vous n'ayez ni le temps ni la possibilité de discuter et deviez utiliser la force ou l'ordre pour des questions de sécurité (voir p. 71). Mais, dans tous les autres cas, vous y gagnerez à montrer à votre enfant qu'il est libre de sa réponse et qu'il aura droit au même respect de votre part, qu'il vous satisfasse ou non.

Je repère mes « fausses » demandes

Pour voir si vos demandes ne cachent pas une exigence, vous pouvez :

- vous demander si vous êtes vraiment prêt à recevoir un « non »,
- vérifier que votre demande suit la logique de cet exemple : « J'aimerais beaucoup que tu restes à table avec nous jusqu'à la fin du repas car ça comblerait mon besoin de partage en famille, mais si cela va à l'encontre de ton besoin de bouger, dis-le-moi et nous pourrons chercher un moyen d'être satisfaits tous les deux. »

Vous verrez comme le simple fait d'exprimer librement vos besoins respectifs favorise la coopération et l'entente mutuelle.

Étape 4 : j'apprécie les efforts... de la gratitude et des encouragements

Lorsque votre enfant répond à vos demandes, n'hésitez pas à lui faire remarquer que vous appréciez. Pour cela, vous pouvez utiliser les remerciements mais aussi les encouragements.

Je remercie simplement mais efficacement

Pour remercier votre enfant, décrivez ce que vous avez apprécié et expliquez ce que ça a généré chez vous. Les appréciations et compliments descriptifs sont beaucoup plus touchants et valorisants qu'un simple « C'est bien » ou « C'est beau », qui vous placent en position de juge et laissent votre enfant penser que vous évaluez au lieu d'apprécier. Voici quelques idées pour le remercier :

- Merci de m'avoir aidé à...
- Je me sens plus détendu quand... et je te remercie pour cela.
- J'ai beaucoup apprécié quand tu as fait... car ça m'a aidé à répondre à ce besoin. Maintenant je me sens...
- Merci d'avoir fait ça... car maintenant nous pouvons passer du temps à faire ça.
- Soulignez ce qui a été fait avant de lui faire remarquer ce qu'il reste à faire : « Super, tu as fini d'apprendre ta poésie, que reste-t-il à faire maintenant ? », ou « Tu as mis ton pantalon et ton pull ! Que te reste-t-il à mettre ? ».

Je l'encourage

Montrez à votre enfant que vous portez de l'attention à ce qu'il fait, que vous reconnaissez ses efforts et le soutenez. Ça lui donnera très certainement envie de continuer.

→ **Évitez les compliments qui évaluent,** comme : « Tu es intelligent, tu es beau, tu es fort, etc. » Même lorsqu'ils sont « positifs », ils mettent une étiquette que votre enfant doit ensuite porter et s'assurer de maintenir. Parfois, votre simple présence et un sourire suffiront à l'encourager. Sinon, piochez ici quelques idées !

→ **Décrivez ce que vous observez (sans juger) :** « Tu as utilisé de nombreuses couleurs ! Tu as pensé à utiliser des feutres et aussi des crayons. Tu as fait ça, puis ça, et ça a marché ! C'était difficile parce que… tu dois être fier de toi ! Quand tu as commencé, c'était comme ça, et en faisant telle chose tu as réussi à… ! »

→ **Posez des questions (sincères !) :** « Comment as-tu fait ça ? As-tu fini ou vas-tu continuer en ajoutant quelque chose ? Quel a été ta partie préférée ? »

→ **Dites ce que vous ressentez (ou invitez-le à exprimer ce que lui ou les autres ressentent) :** « J'aime faire ça avec toi. Je suis heureux quand je te vois jouer avec ta sœur/créer/t'amuser. As-tu vu comme la dame avait l'air touché quand tu lui as souri ? Comment trouves-tu ton dessin ? Comment te sens-tu quand tu regardes ce que tu as fait ? »

Les 4 règles d'or pour demander quelque chose

Ça y est, vous y êtes ! Vous allez enfin savoir comment demander tout ce dont vous avez besoin. Découvrez les 4 clés qui vous aideront à être entendu et à mettre toutes les chances de votre côté pour être exaucé !

Règle 1 : Je suis précis

Je demande une action concrète

Demandez une action précise et concrète, si possible avec un repère dans le temps facile à comprendre pour votre enfant : « Pourrais-tu mettre tes bottes maintenant ? », « Peux-tu venir m'aider à mettre le couvert dès que tu auras fini cette partie ? », « Es-tu d'accord pour arroser les fleurs chaque soir, juste après le dîner ? », « Aurais-tu des idées pour que le moment du bain soit plus agréable pour toi ? ». Évitez aussi de demander plusieurs choses en même temps. Votre enfant risque de s'y perdre et de ne rien retenir de votre demande.

Je fais court

Un enfant est vite noyé dans les longues phrases et explications. Résultat : il ne comprend pas ce que vous attendez de lui. Essayez de formuler des demandes courtes. Parfois, vous pouvez même réduire votre demande à un mot : « Manteau ! Chaussures ! Porte ! Biscuits ! » (en évitant le ton de dictateur, bien sûr). Ça lui permet de mettre son cerveau en action pour réfléchir à ce qu'il peut faire : « Ah oui, j'ai oublié de fermer la porte derrière moi », « Ah, les biscuits sont restés sur la table ! ». Pour les plus grands, vous pouvez aussi écrire une note. Accrochez sur la porte de la salle de bains : « Ouverture du bain moussant à 19 heures ! », ou sur le pot d'une plante : « Touchez ma terre, j'ai peut-être soif ! ». Pour les plus petits, vous pouvez faire passer le message avec un dessin.

L'humour à la rescousse
Les enfants sont très sensibles à l'humour, et se prennent vite au jeu ! Voilà un excellent moyen d'obtenir leur attention et leur coopération. Avez-vous déjà demandé quelque chose en chantant ? En mimant ? Changez l'humeur de la maisonnée en quelques phrases ! Votre enfant ne veut pas venir à table ? Essayez : « Peux-tu demander à ton ventre s'il a faim ? Ô grand chef de ce corps ! » S'il tape sur la table avec sa fourchette, demandez-lui s'il peut faire quelque chose au sujet de cette fourchette qui se permet d'abîmer notre table ! L'humour peut vous sortir de nombreuses situations délicates !

Règle 2 : Je dis ce que je veux (et non ce que je ne veux pas)

J'évite le « ne pas »

Le cerveau de votre enfant ne gère pas encore de façon très optimale les négations. Il traite en priorité l'information principale dans ce qu'il entend. Ainsi lorsque vous dites « Ne touche pas ! » et il entend d'abord « touche ». Si, en plus, il y a un peu de stress dans l'air, soyez sûr qu'il fera exactement ce que vous venez de lui demander d'éviter. Expliquez-lui ce qu'il peut faire plutôt que ce qu'il ne peut pas faire, au risque de

l'embrouiller et de le frustrer. Par exemple : « Tu peux marcher à coté de moi/attendre près de moi que le feu passe au vert, etc. » Ces demandes sont plus faciles à comprendre pour votre enfant.

Je transforme les ordres en demandes

Vous avez besoin que quelque chose soit fait. Et hop, vous ordonnez : « Mets ton manteau, monte dans la voiture, dépêche-toi... ! » Puis vous vous plaignez de devoir tout faire, tout gérer, tout contrôler dans cette maison... Vous déplorez le fait que votre enfant n'est pas assez responsable. Mais, en l'habituant à recevoir des ordres, que lui apprenez-vous ? Implicitement, vous lui affirmez ceci : « Tu es dépendant de ma volonté. Je ne te crois pas capable de prendre des décisions raisonnables pour toi ou pour les autres. » De plus, vous connaissez maintenant les effets de l'ordre sur le cerveau de votre enfant. Essayez de transformer votre ordre en demande sincère ou de lui proposer un choix.

Règle 3 : Je m'assure que ma demande est réalisable

Pour que votre enfant puisse répondre à votre demande, il faut qu'il ait les connaissances nécessaires mais aussi les capacités (ou l'expérience) requises. Sait-il exactement ce que vous voulez quand vous lui demandez de ranger ses jeux ? Il peut croire, très sincèrement, que ça équivaut à ne plus rien voir dépasser. Tout mettre dans le placard ou sous le lit semble donc être une réponse satisfaisante.

Il a encore oublié de nourrir les poissons rouges alors qu'il avait promis de s'en occuper ? Aidez-le à faire une note pour s'en souvenir, ou à trouver un repère temporel. Juste après le dîner, par exemple, c'est le bon moment. Entraînez-vous avec lui avant de lui demander certaines actions plus responsabilisantes.

Et la politesse, dans tout ça ?
Obliger votre enfant à dire bonjour, merci et pardon, est-ce nécessaire ? Votre enfant apprend les codes sociaux par imitation, en vous voyant saluer, vous excuser et remercier. En revanche, il n'est pas forcément capable, à 4 ans, de dire bonjour ou merci spontanément. Il doit d'abord se sentir assez confiant, en sécurité et avoir suffisamment d'assurance pour se lancer. Demander pardon implique en outre des capacités d'empathie, qui, comme nous l'avons vu, sont en plein développement et pas toujours accessibles (cerveau du haut). La meilleure façon de l'aider à être poli est de l'encourager à se relier aux autres et à comprendre ce qui les touche, plutôt que de le forcer à dire des phrases sans sens ni valeur pour lui. Si cela vous gêne, vous pouvez le formuler : « J'aurais aimé qu'il vous salue, je suis sûre qu'il le fera quand il se sentira prêt. »

Je lui donne des informations utiles

En informant votre enfant de façon claire et sans reproches sur les règles de vie en communauté et les conséquences possibles de ses choix, vous l'aidez à prendre ses décisions et ses responsabilités, et par la même occasion vous réduisez vos demandes. Par exemple, s'il n'a pas faim au moment du dîner, dites-lui qu'il gère son appétit, tout en sachant que vous ne préparerez pas quelque chose plus tard. Il devra donc attendre le lendemain matin pour manger. Prévenir n'est pas punir ! Informez-le d'un ton neutre des limites et des conséquences de ses choix : la trottinette peut rouler sur le trottoir, mais la route est pour les voitures et motos ; les biscuits non rangés ne sont plus aussi bons ; on nettoie une plaie sinon elle risque de s'infecter, etc. Cela semble évident, mais soyez patient, votre enfant apprend. À 10 ans il saura tout cela, mais à 4 ans il a encore besoin que vous le lui expliquiez (et répétiez).

Organiser le temps

N'hésitez pas à informer votre enfant de son emploi du temps (et du vôtre). Créez un petit planning des journées types avec lui, à l'écrit ou en images. Il pourra ainsi suivre son emploi du temps tout au long de la journée et savoir ce qu'il va se passer au fur et à mesure. Essayez aussi de le prévenir un peu avant une transition. Ce n'est agréable pour personne d'être interrompu en plein milieu d'une activité.

Je l'implique dans mes demandes

Votre enfant aura d'autant plus envie de coopérer s'il trouve un intérêt personnel à satisfaire vos demandes. Pour cela, impliquez-le en lui proposant des tâches et missions à sa portée. Il participe, développe ses compétences, prend confiance, et passe un bon moment avec vous !

→ Pour les courses, proposez-lui de vous aider à planifier les repas de la semaine, à préparer la liste, puis à choisir certains articles dans le magasin et à les mettre dans le chariot. Vous pouvez lui donner un peu d'argent de poche : « Tu peux prendre ton porte-monnaie au magasin si tu vois quelque chose qui te plaît. »

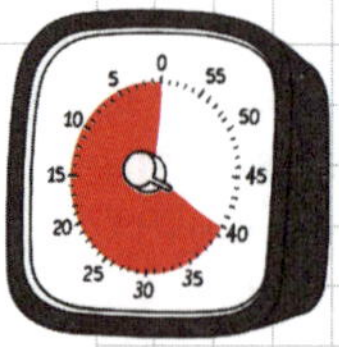

- Le matin, donnez-lui un Timer (avec un décompte en couleur pour les plus petits) afin qu'il puisse avoir une idée du temps dont il dispose pour se préparer.
- Pour le choix des habits, vous pouvez réaliser un thermomètre avec des images de vêtements adaptés à la météo.

Je lui laisse le temps

Le cerveau de votre entant traite l'information plus lentement que le vôtre. Laissez-lui un moment pour intégrer votre demande et ne le saturez pas en la lui répétant. Attendez au minimum cinq secondes avant de lui demander de nouveau, calmement.

Règle 4 : Je lui laisse le choix

Si votre enfant comprend qu'il a une marge de manœuvre, de liberté pour agir comme il le souhaite tout en accédant à votre demande, il sera d'autant plus disposé à coopérer. En lui proposant des options qui lui sont agréables, vous lui laissez la possibilité d'exercer son pouvoir. Il aura alors moins envie, ou besoin, de vous dire non. Et cela lui permettra de développer les compétences nécessaires aux prises de décision (comparaison, anticipation, etc.) : « Est-ce que je préfère ça ou ça ? Si je choisis ça, il va se passer telle chose. » Essayez, vous verrez que votre enfant mérite votre confiance et son autonomie !

Pour les plus jeunes

Proposez un choix fermé et limité à deux ou trois possibilités : « Voudrais-tu ranger les Lego ou les vêtements d'abord ? Tu as encore le temps pour un jeu avant qu'on quitte le parc, préfères-tu faire de la balançoire ou du toboggan ? Voudrais-tu un verre d'eau peu rempli ou plein ? » Pour les repas, donnez-lui une assiette vide ou très peu remplie, et, une fois à table, laissez-lui la possibilité de se servir lui-même et de prendre ce qu'il veut. Si vous pensez que le sucré est trop tentant, vous pouvez couper le repas en deux temps, les plats salés puis les desserts.

En grandissant

Au fil du temps, laissez-lui de plus en plus de liberté de choix. Posez-lui des questions ouvertes, puis laissez-le réfléchir et proposer des solutions : « Quel vêtement te tiendrait assez chaud pour sortir aujourd'hui ? Qu'est-ce qui pourrait aider ton ami à se sentir mieux ? Que va-t-il se passer si nous arrivons en retard ? D'après toi, que vais-je ressentir en te voyant traverser loin de moi ? » Cette dynamique d'échange l'aidera à comprendre vos demandes et à faire des choix de plus en plus avisés. Vous serez sûrement surpris de constater les capacités d'initiative, d'imagination et de responsabilisation que votre enfant possède déjà.

Comment gérer en cas de conflit

Que faire quand ça ne marche pas ? Vous avez demandé calmement, vous avez usé des meilleures stratégies de communication, et vous vous retrouvez pourtant face à un refus catégorique. Devez-vous toujours chercher un terrain d'entente ? Si oui, est-ce seulement possible ? Et si, parfois, les mots ne suffisaient pas ? Par ici les réponses !

Vivre sans conflit : le mythe

Vivre ensemble, c'est mêler ses humeurs, émotions, désirs, besoins, valeurs et points de vue en permanence. Il fait beau, vous aimeriez vous promener en forêt, tandis que votre enfant préfère le parc, et voilà déjà une source de conflit. Entre aller constamment au conflit et l'éviter systématiquement, il y a cette troisième voie : choisir vos batailles ! Distinguez celles qui sont importantes pour vous, en différenciant bien les besoins importants de votre enfant et ses désirs momentanés, mais aussi les vôtres.

Je protège les besoins de chacun en créant un cadre familial

J'opte pour un cadre constructif

Pour vous, il peut être essentiel que votre enfant s'exprime avec respect, qu'il prenne soin de ses affaires (et des vôtres), qu'il ne coure pas dans l'appartement, qu'il tienne parole, etc. Vous avez des besoins et les autres membres de votre famille aussi. Dès l'âge d'un an et demi ou deux ans, votre enfant est en mesure de comprendre que vous avez des besoins en tant que personne, même s'il lui faudra peut-être encore un peu de temps pour l'accepter pleinement. Votre rôle, pour faire respecter vos besoins, est d'établir des règles réfléchies,

claires et applicables au sein de votre famille. Ces règles ont un sens et un but constructif : vous respecter les uns les autres.

Je crée mon cadre en 6 étapes

Pour définir votre cadre familial, suivez les étapes suivantes !

1. **Listez les souhaits de chacun :** réunissez tous les membres de la famille (en âge de participer, c'est-à-dire dès 3-4 ans environ) et demandez-leur de noter (ou de dire) ce qui est important pour eux au sein du foyer. Vous pouvez donner quelques-unes de vos idées pour amorcer la réflexion : ne pas frapper, ranger ses affaires, aider à mettre le couvert, ne pas se moquer, ne pas entrer dans la salle de bains quand elle est occupée, etc.
2. **Classez les souhaits selon les besoins qu'ils semblent combler :** sécurité, respect, partage, honnêteté, etc. C'est important pour que chacun comprenne que chaque action répond au besoin de quelqu'un et peut-être aussi au sien, ce qui favorise l'empathie et l'entraide.
3. **Faites le tri :** c'est le moment de vous accorder pour ne conserver que les souhaits compréhensibles, acceptés et applicables par tous les membres de la famille. Si votre liste est longue, essayez de garder les trois ou quatre souhaits les plus importants pour chaque besoin.
4. **Transformez les souhaits en règles positives, courtes et claires.** Par exemple, pour répondre à un besoin de respect, vous pourriez rédiger les règles suivantes :
   - Quand on me parle, j'écoute et je réponds avec sincérité (j'attends mon tour pour parler).
   - Je prends soin de mes affaires et des objets de la maison.
   - Je fais attention à ce que je dis et à ce que je fais pour ne blesser personne.
5. **Partagez :** prenez un moment pour lire ensemble le cadre que vous venez de définir et répondre à toutes les questions de vos enfants. Vous pouvez lire chaque règle de la façon suivante : « Nous avons besoin de/que… »

4\. **Affichez :** imprimez ou écrivez avec vos enfants votre cadre pour l'afficher à des endroits facilement accessibles sans parcourir toute la maison quand vous en aurez besoin.

Les clés pour que ça fonctionne

✔ **Répétez :** n'hésitez pas à relire ensemble le cadre pendant des moments calmes. Demandez à votre enfant s'il se souvient de la règle concernant le partage, s'il trouve que c'est toujours une bonne règle pour lui et toute la famille.

- ✔ **Gérez les incartades :** s'il y a des écarts de conduite, parlez-en sans reproches ni humiliation. Votre enfant a peut-être oublié le sens et l'intérêt (pour lui aussi !) d'une règle.
- ✔ **Encouragez :** valorisez et encouragez les efforts que vous constatez pour respecter ce cadre.
- ✔ **Faites évoluer le cadre avec le temps :** le cadre est vivant, ne restez pas campés sur des certitudes. Son but est de répondre aux besoins de votre famille qui changent avec le temps. N'hésitez pas à le mettre à jour !

Dans ce cadre, je me remets en question et je délègue

Vous savez maintenant reconnaître les conflits du quotidien qui éclatent par habitude, par envie de pouvoir ou par souci d'avoir le dernier mot –, mais qui ne répondent pas vraiment à l'un de vos besoins profonds. Soyez honnêtes avec vous-même et votre enfant, et apprenez à lui céder le pouvoir qui lui revient à l'intérieur de ce cadre. C'est le bon moment pour déléguer, discuter et négocier. Votre fille veut absolument mettre une robe malgré le temps maussade. Pourquoi ne pas le lui accorder en ajoutant un pantalon en dessous ? Si votre petit souhaite mettre des chaussettes dépareillées, est-ce vraiment grave ou craignez-vous plutôt ce que les autres parents pourraient en penser ? Dans certains cas, assumer votre responsabilité en tant que parent ne signifie pas réduire la responsabilité de votre enfant, mais au contraire la laisser s'épanouir.

En bonus : je montre que le conflit n'est pas dangereux

En exprimant vos limites avec calme, patience et détermination, vous montrez à votre enfant que le conflit n'est pas dangereux en soi, et qu'il ne devient effrayant que s'il génère des violences, abîme la relation ou met en péril l'équilibre de la famille. Lorsque vous êtes capable d'être droit dans vos bottes tout en restant respectueux, vous aidez votre enfant à développer ses capacités de résilience, d'acceptation, d'empathie, de négociation et de persévérance. Des qualités essentielles pour apprendre à aborder les conflits qu'il rencontrera tout au long de sa vie et y réagir.

Au lieu de punir, j'aide mon enfant à réfléchir

Votre enfant refuse de ranger ? Laissez-le y réfléchir en lui indiquant que, de votre côté, vous serez d'accord pour commencer une autre activité avec lui quand ce sera fait, car vous avez besoin d'ordre. Demandez-lui si, de son côté, il aurait besoin d'aide. Il vous parle sur un ton désagréable ? Dites-lui que vous n'appréciez pas du tout et que vous attendez du respect. C'est votre condition pour écouter. S'en sent-il capable ou a-t-il besoin d'un exemple concret ? Il a menti ? Laissez-le trouver des idées pour rétablir la confiance entre vous, il sera d'autant impliqué et fier de lui.

Je gère le conflit en 5 étapes

Mon objectif : trouver un consensus

Si la communication bienveillante peut vous éviter de nombreux conflits, elle vous aide aussi à réagir à ceux qui se présenteront malgré tout. La clé ? Votre objectif ne doit pas être de parvenir le plus vite possible à la solution qui vous arrange, mais de prendre le temps d'échanger sincèrement avec votre enfant pour trouver une solution qui vous convienne à tous les deux.

Les 5 étapes

Que ce soit pour des petits soucis du quotidien ou des conflits plus complexes, vous pouvez suivre ces étapes pour chercher un terrain d'entente avec votre enfant.

- **Étape 1 :** j'agis sans violence ni insultes. Je protège mon enfant, moi-même ou quelqu'un d'autre en retirant un objet, en arrêtant un geste ou en l'éloignant.
  « Je prends les crayons pour l'instant. »

Si vous êtes trop énervé ou angoissé sur le moment, prenez un temps pour vous calmer et revenez sur ces étapes une fois que vous serez plus disposé à échanger.

- **Étape 2 :** j'accueille et je reconnais ses sentiments.
  « Je vois que tu aimes dessiner sur tous les supports que tu trouves. »
- **Étape 3 :** je décris le problème, mes sentiments et besoins.
  « Voici le problème, je n'aime pas voir des marques sur nos affaires, j'ai besoin qu'on en prenne soin. »
- **Étape 4 :** je demande des idées et je les note (toutes !).
  « Nous avons besoin d'idées. Sur quoi pourrais-tu dessiner ? Je propose du carton ! Et toi ? Sur ton frère ? Ah oui ? Et sur un grand papier qu'on accrocherait au mur de ta chambre ? »

J'exprime mes sentiments sans le rendre responsable
En cas de conflit, vous pouvez exprimer vos sentiments à votre enfant en faisant le lien avec son comportement, mais sans le rendre responsable, en faire une punition ou fermer le dialogue entre vous. Vous pourrez dire : « Quand je te vois faire ça, je me sens triste/j'ai mal au cœur/je sens que quelque chose se ferme dans mon cœur. J'ai besoin de… Du coup, pour l'instant, je n'ai plus envie de lire cette histoire/je n'éprouve plus de joie à jouer avec toi/mon envie s'en va… Et toi, comment te sens-tu ? »

- **Étape 5** : nous sélectionnons ensemble les solutions qui conviennent à tous.
  « Regardons les idées que nous aimons tous les deux. Je pense malheureusement que ton frère n'aimerait pas qu'on lui dessine dessus, et je ne veux pas te laisser dessiner sur la table. Mais le carton et le grand papier mural me conviennent aussi ! Veux-tu qu'on aille voir si nous en trouvons dans le garage ? »

Au quotidien : dodo, bain, et autres réjouissances...!

« Mon enfant doit se coucher à 21 heures ! », ou encore « Il faut prendre un bain tous les jours ! ». Commencez par faire le point sur vos besoins réels à tous les deux : « J'ai besoin de savoir que mon enfant dort assez pour ne pas être fatigué (sous-entendu, infernal) le lendemain, mais aussi de passer un moment calme et seule avec mon conjoint après 21 heures. » Exprimez-les et cherchez ensemble des solutions pour votre enfant : enregistrer des histoires douces qu'il pourra écouter dans son lit, mettre une veilleuse, organiser les chambres de vos enfants pour qu'ils puissent dormir ensemble, ou le laisser constater les conséquences de sa fatigue... Pour le bain, achetez avec lui un savon qui lui plaît, accordez-vous sur un bain tous les *x* jours ou après une journée sportive, ou, pour les plus petits, prenez le bain ensemble parfois, etc. Les idées sont infinies si l'on est prêt à bousculer un peu les habitudes !

Quand les mots ne suffisent pas

Quand il est question de sécurité, par exemple, et que vous n'avez pas le temps, pas la possibilité ou la volonté de parler d'abord, il est parfois nécessaire d'utiliser la force. C'est le cas lorsque vous attrapez votre enfant par la main dans la rue, que vous utilisez sa poussette alors qu'il sait marcher car vous passez dans un endroit potentiellement dangereux (deux-roues, chiens, etc.), ou que vous le serrez dans vos bras car il fait une grande colère ou crise de rage, etc. L'essentiel est de différencier un usage protecteur et un usage punitif de votre force. N'oubliez pas ensuite d'en reparler avec lui pour lui expliquer les raisons qui vous ont poussées à agir ainsi afin d'éviter que cela se reproduise.

Exercice

- Pensez à une situation dans laquelle vous avez utilisé votre force physique pour obtenir de votre enfant le résultat que vous souhaitiez (par exemple, une petite tape sur la main à l'asseoir dans son siège auto contre son gré).

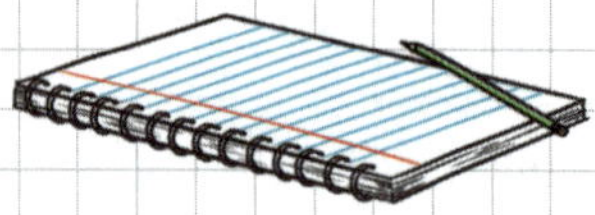

- Quelle est la situation ?

....

....

....

- Quelles sont les raisons qui vous ont poussé à utiliser la force ?

....

....

....

- Quels besoins espériez-vous satisfaire et comment vous sentez-vous en les reconnaissant ?

....

....

....

- Quels besoins n'avez-vous pas comblés et comment vous sentez-vous en les reconnaissant ?

....

....

....

- En comparant ces deux séries de besoins, est-ce que vous pensez à d'autres stratégies qui vous auraient permis de les combler ?

....

....

....

Chapitre 5
Parents, soyez bienveillants envers vous-mêmes

Prendre soin de vous, vous respecter, mettre la bienveillance à votre service : et si ce n'était pas secondaire, ni contradictoire, mais nécessaire au fait de (bien) vivre ensemble ? Pour vous-même, mais aussi parce que vous êtes le premier modèle qu'observe votre enfant, incarnez les valeurs de communication que vous souhaitez lui transmettre. Découvrez comment développer vos capacités d'empathie et d'écoute envers vous-même et de quelle façon exprimer vos besoins et limites. Le voyage commence ici, en vous !

Suis-je bienveillant envers moi-même au quotidien ?

De vous à vous, utilisez-vous la communication bienveillante ? Quel regard portez-vous sur vos gestes et vos pensées ? Remplissez le tableau suivant pour savoir si certains points méritent que vous y portiez plus d'attention !

	Chaque fois	La plupart du temps	De temps en temps	Jamais
Je fais passer les autres avant moi.				
J'ai des émotions fortes.				
Je reste focalisé sur le jugement (« C'est bien/mal, C'est vrai/faux, Quel nul !/Je suis génialissime ! »).				
J'écoute mes élans, mon intuition.				

	Chaque fois	La plupart du temps	De temps en temps	Jamais
J'ose partager mes joies.				
J'ose partager mes peines.				
Je me sens dans le devoir (« Il faut, Je dois… »).				
Je ravale mes mots (« Ça n'intéresse personne »).				
Je m'emballe (« Oups, je n'aurais pas dû ! »).				
J'écoute l'autre sans m'oublier ou me renier.				
J'ose dire non sans culpabiliser.				
J'exprime mes colères de façon respectueuse et constructive.				
Je vois la beauté en moi.				

De l'empathie, envers moi aussi !

« Ça va sûrement rater, J'ai encore oublié ça, J'aurais dû m'en douter, ça finit toujours comme ça, etc. » Avoir un certain regard sur ses actions, pensées, et les juger, c'est humain. En revanche, vous pouvez élargir votre angle de vue. Pour ça, commencez par vous laisser un peu de temps. Accueillez d'abord ce qu'il se passe en vous comme vous avez appris à accueillir ce qu'il se passe chez votre enfant : utilisez l'autoempathie. Vous pourrez ensuite essayer de voir au-delà de votre jugement pour comprendre ce qu'il révèle de vos propres besoins.

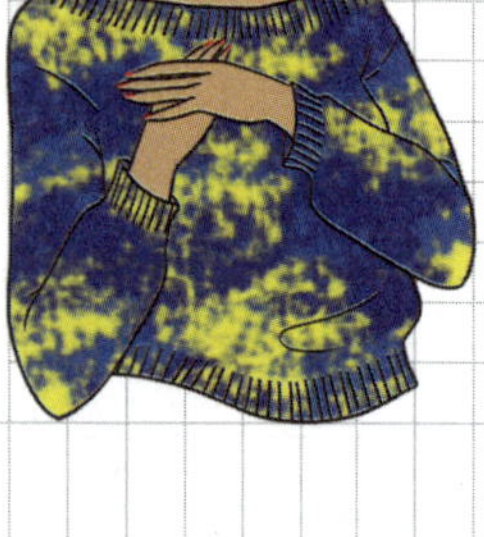

Accueillir sans juger

Être empathique envers vous-même, c'est vous accorder un moment (même infime !) de silence, laisser passer les pensées et l'envie de tout résoudre immédiatement, en portant votre attention sur ce qu'il se passe en vous. Si vous le pouvez, prenez le temps nécessaire pour vous sentir plus apaisé et/ou y voir plus clair. Si ce n'est pas évident pour vous au début, posez-vous les questions suivantes :

- Comment est-ce que je me sens ?

- À quoi est-ce que j'aspire dans cette situation ? Qu'est-ce que j'aimerais faire ou dire ?
  En prenant le temps d'être empathique envers vous-même, vous gagnerez en confiance et en clarté. Vous pourrez ainsi vous exprimer plus facilement et avec moins d'agressivité envers vous-même.

Bien ou mal… et si c'était relatif ?

Comme nous l'avons vu, Marshall B. Rosenberg pose un nouveau regard sur le jugement et la moralité. Au lieu de suivre des dogmes ou croyances extérieures, du type « C'est bien, C'est mal, C'est ce qu'il fallait faire », il vous invite à définir votre notion personnelle et unique de la morale, à chaque instant, à partir de vos ressentis et besoins. Sentir ce qui vous fait du bien ou du mal, l'admettre et le respecter est nécessaire, car ces ressentis forment une grande part de votre unicité. Votre réaction par rapport à ses sensations ? C'est à vous de la choisir. Quelle personne voulez-vous être dans cette situation ? Comment voulez-vous vous comporter ? Pas par rapport à ce qui est bien *a priori*, mais par rapport à votre ressenti personnel et à votre morale. La bonne personne est celle que vous avez envie d'être, celle que vous vous autorisez à être.

Et concrètement, ça donne quoi ?

Pour développer votre autoempathie, repensez à une situation particulièrement difficile à laquelle vous avez été confronté avec votre enfant et essayez, grâce à ces suggestions, de la considérer sous un nouvel angle. Vous pouvez aussi vous aider de l'exemple proposé.

1. **Décrivez la situation que vous avez vécue.** Par exemple : ma fille est rentrée de chez son amie et m'a dit : « J'adore la maman de Sarah, elle est super ! Sarah a trop de la chance d'avoir une mère comme ça ! »

2. **Quels sentiments ressentez-vous ?** Accueillez-les avec empathie, prenez ce temps pour vous, et voyez ensuite si vous en connaissez la cause.

- « Je me sens jalouse car j'ai besoin de savoir que ma fille m'apprécie plus que la mère d'une de ses amies, qu'elle connaît à peine, en plus ! »
- « Je suis découragée car je pensais être l'idole de ma fille. J'ai besoin de reconnaissance. »
- « Je suis peinée parce que j'étais fière de notre relation, j'ai besoin d'avoir une bonne relation avec elle. »

3. **Cherchez une action qui vous permettrait de répondre à l'un de vos besoins (ou à tous).** « Je ressens tout cela et, en même temps, je ne veux pas agir comme une maman jalouse et possessive, ce qui nous éloignerait encore plus. Je tiens plutôt à montrer que je suis maître de mon comportement. Je vais prendre un temps pour moi maintenant et lui proposer qu'on en parle après le bain. Je lui expliquerai d'abord ce que j'ai ressenti quand elle m'a dit ça. Puis je lui demanderai si elle aimerait que certaines choses dans notre relation soient différentes. »

Tour d'horizon de mes sentiments

Vous reconnecter à vos sentiments, à vos ressentis, à vos émotions, ne plus vous oublier ni vous imposer dans l'équation familiale : tout cela est possible. Alors, comment trouver le juste équilibre entre l'être humain que vous êtes, complexe, unique, extravagant, et le parent que vous croyez peut-être devoir être, cohérent, raisonnable, accompli ? En partageant vos sentiments et vos besoins véritables avec votre enfant ! Vous lui offrirez ainsi la possibilité de prendre en compte et de respecter les sentiments d'une autre personne.

J'accepte d'avoir des sentiments négatifs

Tous les sentiments ne sont pas faciles à vivre ou à admettre. Qui aime se sentir abattu, amer, instable, honteux, ou encore vexé comme un pou? Tout le monde ressent des sentiments plus ou moins agréables (les exceptions se comptent sur les doigts d'une main!). Vous éprouvez des sentiments que vous jugez peut-être désagréables, ou honteux, et vous avez des pensées négatives, «Je ne devrais pas penser si, ressentir ça...». Comme nous l'avons vu pour votre enfant, les ignorer ou les ravaler vous coupe littéralement d'une partie de vous et vous transforme en Cocotte-Minute. Gardez à l'esprit que vos ressentis ne jouent pas contre vous! Ils vous indiquent ce que vous êtes, de quelle façon vous vibrez et ce dont vous avez besoin, car vous êtes unique. Vous avez donc tout à fait le droit de ressentir ce que vous ressentez!

Être bienveillant, c'est dépasser le «bien-être» pour «être»
Être bienveillant envers vous (et les autres) implique d'abord d'accepter de regarder en face vos peurs, vos angoisses, vos folies, et de rencontrer l'autre dans les siennes. Ce n'est pas toujours agréable ni confortable. Être bienveillant, c'est aussi être d'une sincérité parfois déconcertante, mais jamais agressive, en osant partager ce qui fait votre particularité et en accueillant celle de l'autre. C'est montrer l'humain que vous êtes et pouvoir ainsi rencontrer l'autre.

La question clé quand je suis un peu perdu : qu'est-ce que j'éprouve?

Voilà le point de départ. Vous et vos ressentis. Vous pourrez ensuite dérouler le reste de vos pensées et de vos actions en conscience et avec respect. Pour renouer avec vos sentiments et faire la paix avec eux, pour vous et votre enfant, voici quatre conseils élaborés par Haim G. Ginott :

→ Chaque parent devrait respecter ses propres limites.
→ On peut se montrer un peu plus gentil qu'on en a envie, mais pas beaucoup plus.
→ Il est important d'accepter la réalité de ses sentiments du moment.
→ Il est préférable d'être authentique avec ses enfants.

Ce que j'éprouve n'est pas ce que j'interprète

Il est important de différencier ce que vous ressentez d'une situation et ce que vous interprétez des agissements d'une autre personne. Par exemple, si vous dites «Je me sens incompris», il s'agit plus d'une interprétation du niveau de compréhension de l'autre. Il a peut-être très bien compris ce que vous exprimez, mais ne vous renvoie pas ce que vous souhaitez, comme accepter votre demande, vous écouter plus, ou reformuler ce que vous avez dit. Vous êtes peut-être plutôt agacé, déçu ou blasé. Voici des sentiments, qui ne reposent pas sur une interprétation des agissements de l'autre. En vous recentrant sur vos sentiments personnels, vous retrouvez votre pouvoir pour agir sur les besoins qui se cachent derrière et desquels vous êtes l'unique responsable, sans faire de l'autre ni le coupable ni le sauveur.

Marshall B. Rosenberg a établi une liste de termes qui expriment plus une interprétation des actes d'autrui que des sentiments personnels :
Abandonné, agressé, attaqué, bafoué, contraint, déconsidéré, délaissé, exploité, ignoré, incompris, indésirable, laissé pour compte, malmené, manipulé, menacé, méprisé, négligé, pas apprécié, pas entendu, pas vu, persécuté, piégé, rabaissé, rejeté, trahi, trompé, utilisé, vaincu, etc.

Je reste spontané et naturel

Au début, vous aurez peut-être l'impression de ne parler que de vous et de vos sentiments, ou, au contraire, d'ennuyer votre enfant, un peu forcé à l'introspection. Comme tout nouveau langage, vous vous l'approprierez avec un peu de pratique et de temps. Pour éviter que votre enfant ait l'impression d'être en face d'un psychothérapeute dès qu'il ouvre la bouche, souvenez-vous que l'essentiel est de rester présent à ce que vous ressentez et à ce qu'il peut ressentir, avant même d'analyser ou de verbaliser. Voici quelques astuces pour évoquer vos sentiments et vos besoins de façon variée et discrète :

- ✔ **Pour exprimer mes sentiments** : en plus de «Je ressens…», je peux utiliser «Je suis, J'ai beaucoup de, Je me sens…».
- ✔ **Pour exprimer mes besoins** : en plus de «Parce que j'ai besoin de…», je peux utiliser : «J'aime, Je préfère quand, C'est important pour moi de, Ça me plaît quand, J'aime moins quand…».

J'exprime aussi mes sentiments forts, comme la colère…

Vous pensez à ces fois où vous serrez des dents, au bout de vos capacités d'autocontrôle, en vous demandant comment vous pourriez bien rester bienveillant et respectueux tout en exprimant vraiment vos sentiments? Le principe de base est de vous souvenir que l'autre n'est pas responsable de votre colère, mais que ce sont vos besoins insatisfaits qui s'expriment. En vous concentrant sur les besoins qui se cachent derrière votre colère, vous utiliserez son énergie, non pour accuser ou punir, mais vers vous, pour réparer.

6 étapes clés pour exprimer ma colère

Vous pouvez choisir d'exprimer pleinement votre colère sans violence, en suivant ces 6 étapes.

1. **Respirez** : essayez de faire le silence en vous et si nécessaire de quitter les lieux, pour ne pas aggraver les choses sous le coup de l'énervement. Vous pouvez verbaliser : « Je pourrai te parler après le repas, pour l'instant je suis trop fâché. »
2. **Écoutez les jugements intérieurs que vous portez** : « Tu n'es qu'un menteur ! »
3. **Traduisez-les en besoins** : cherchez quels besoins se cachent derrière ces jugements : « J'ai besoin d'avoir confiance » (petit rappel pour exprimer vos besoins, préférez des termes positifs et personnels, plutôt que « J'ai besoin que tu ne fasses pas cela »).
4. **Accueillez les nouveaux sentiments** qui arrivent (déception, découragement, tristesse, mécontentement, etc.).
5. **Écrivez** : notez vos sentiments, vos besoins et les demandes qui pourraient vous permettent d'y répondre.
6. **Si vous le voulez, exprimez votre colère** à la personne concernée et en partageant vos sentiments, besoins et demandes : « Quand j'ai appris ça, j'ai été choquée et attristée car j'ai besoin d'une véritable confiance entre nous. Serais-tu prêt à me dire exactement, avec tous les détails, ce qu'il s'est passé pour toi ? As-tu envie que je te refasse confiance ? »

Oui, mais parfois...

... c'est nécessaire de s'énerver, non ?

Pour mettre les points sur les *i*, pour montrer qui est le chef dans cette maison. Alors oui, mais user de la colère pour impressionner n'est utile que dans une dynamique d'autorité ou de prise de pouvoir sur l'autre. En lisant ce livre, vous avez compris qu'il y a des inconvénients majeurs à ce type de relation. En outre, plus votre enfant grandira, gagnera en autonomie et pensera par lui-même, plus vous serez pris dans une escalade des accusations, des cris et de la violence pour maintenir une certaine autorité.

Et si je perds mon sang-froid ?

C'est humain. Vous pouvez cependant garder en tête, surtout lorsque vous commencez à la perdre, que votre priorité reste de protéger votre enfant. Éloignez-vous ou placez vos mains dans votre dos pour éviter tout geste violent. Rappelez-vous que vos émotions (cerveau du bas) ont pris le contrôle et laissez-vous le temps de retrouver vos esprits (cerveau du

haut) : inspirez profondément, marchez, sautez sur place, étirez-vous, buvez un verre d'eau. Attendez d'avoir retrouvé votre calme et vos capacités de réflexion pour reprendre la discussion.

… mon enfant ne m'écoute pas

Si votre enfant n'est pas prêt à vous écouter, il est peut-être nécessaire, avant d'exprimer vos sentiments et besoins, de le rejoindre par l'empathie et d'essayer de comprendre quel besoin il tentait de combler en se comportant comme il l'a fait. S'il perçoit une forme de reproche et entend qu'il a mal agit, il lui sera difficile d'écouter vos besoins. Vous pourrez par exemple le rejoindre en lui disant : «J'imagine que c'est difficile pour toi de me dire ta vérité, tu as peut-être peur que je sois déçu et énervé contre toi.»

Exercice : Je mets les jugements de côté et je me recentre sur mes sentiments!

Reconnaissez les sentiments et les besoins exprimés ci-dessous et reformulez-les de façon bienveillante.

1. Tu ne me parles pas sur ce ton!
2. Je suis déçu que tu aies eu une mauvaise note.
3. Je sens bien que tu préfères être avec tes copains.
4. Tu m'énerves à laisser traîner tes affaires comme ça!
5. Je suis fatigué de nos disputes.
6. Je ne peux pas te faire confiance!

Propositions :

1. Quand je t'entends être cynique, je me sens agacée et je n'ai pas envie d'écouter. J'ai besoin de respect. Es-tu prêt à discuter maintenant ou préfères-tu qu'on en reparle ce soir?
2. Je pensais que tu avais bien préparé et compris le travail à faire. Je me sens inquiète. Aurais-tu besoin d'aide pour réviser?
3. J'ai l'impression qu'en ce moment tu préfères passer du temps avec tes amis plutôt qu'avec nous à la maison. Cela me rend triste. J'ai besoin de savoir si tu apprécies aussi nos moments ensemble. Est-ce le cas?
4. Je suis énervée. J'ai besoin d'ordre dans notre maison. Que peut-on imaginer pour que tu y penses à chaque fois?

5. J'accepte qu'on ne soit pas d'accord, par contre les deux dernières fois qu'on a parlé de ce sujet on s'est fâchés et ça me rend triste. Cette fois je vais commencer par t'écouter vraiment, et je parlerai ensuite.
6. Je me sens méfiant après ce qu'il s'est passé, et j'ai besoin de confiance entre nous. Aurais-tu des idées pour rétablir cette confiance ?

Je fais le point sur mes besoins et je les respecte

Vous vous forcez à jouer « parce qu'il le faut », vous avez l'impression d'avoir un deuxième travail : taxi, ou chef étoilé, à cuisiner un plat particulier à chacun. Parfois, vos besoins passent au second plan, voire à la trappe. Comment les reconnaître et les exprimer sans nier ceux de votre enfant ? En plus des techniques que vous connaissez maintenant pour favoriser la coopération, voici quelques astuces pour reconnaître vos besoins et y répondre.

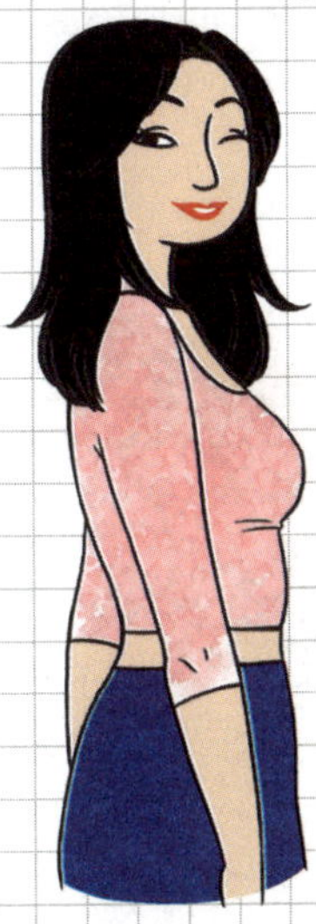

Mon mantra : je me reconnecte à mes choix de vie

Vous avez l'impression que nombre de vos besoins passent au second plan ? Sans doute parce qu'une foule de contraintes passent avant : préparer le repas, faire les courses, voir les grands-parents, gagner plus pour faire plus d'activités, partir en vacances, etc. Il se peut même que la majorité de vos actions quotidiennes soient guidées par le devoir, la peur, la culpabilité ou la honte. Comment, dans ce cas, ne pas avoir l'impression de subir cette vie ? Marshall B. Rosenberg explique que vous pouvez, à chaque instant, reprendre votre pleine responsabilité et agir selon vos valeurs plutôt que par obligation. Comment ? En reconnaissant que, malgré les choix parfois limités ou peu attrayants, la décision finale vous revient, et à vous seulement. En suivant les trois étapes suivantes, réajustez vos actions en pleine conscience pour répondre au mieux à vos besoins !

1. Je dresse la liste de mes « obligations »

Listez par écrit toutes ces activités que vous n'avez pas envie de faire, mais que vous réalisez quand même parce que vous pensez ne pas avoir le choix. La liste est longue ? Pas de panique ! Rendez-vous à la deuxième étape !

2. Je reconnais ce que je fais par choix

C'est le moment d'être sincère et courageux. Reconnaissez que vous faites les choses parce que vous décidez de les faire, et non parce que vous y êtes obligé. Parce que, de façon consciente ou inconsciente, vous tirez des bénéfices de chacun de vos choix. Vous pensez peut-être : « Il faut bien gagner sa vie, non ? » Eh bien non, il ne « faut » pas. Vous choisissez de le faire par besoin de sécurité ou de confort. D'autres personnes choisissent plus de liberté et d'aventure. Du coup, voyez l'effet que cela vous fait d'insérer « Je choisis de… » devant chaque point de votre liste. Vous pouvez aussi vous indigner et jeter ce livre par la fenêtre, mais vous ne saurez jamais si cette méthode est ahurissante de naïveté ou incroyablement utile !

3. Je comprends pourquoi j'agis ainsi

Après avoir reconnu (ou plutôt avoir été poussé à reconnaître) que vous agissez par choix, vous pouvez essayer de comprendre ce qui vous pousse à agir ainsi. Complétez chacun de vos points comme l'exemple suivant : « Je *choisis* de conduire les enfants à l'école *parce que je veux* : qu'ils aillent dans cette école plus éloignée de chez nous mais où ils se sentent vraiment bien/les savoir en sécurité lorsqu'ils vont à l'école/habiter dans une maison avec un jardin et au calme, un peu éloignée du centre-ville. »

4. Je réajuste mes décisions

Une fois que vous avez pris conscience de la raison pour laquelle vous agissez ainsi, vous retrouvez votre pleine responsabilité. Vous pouvez maintenant décider consciemment de continuer ou non chaque action en fonction de vos besoins et valeurs. Vous verrez sûrement que les choix motivés par vos besoins humains plutôt que par les récompenses extérieures (argent, approbation) ou par la peur (honte, culpabilité) sont ceux qui vous apportent une satisfaction profonde et pour lesquels vous trouvez, contre vents et marées, les ressources nécessaires.

Alors, j'arrête de cuisiner ?!

Si pour vous cuisiner n'est pas un plaisir, vos enfants doivent de toute façon le ressentir : soit dans l'humeur, soit dans l'assiette. Ils seront d'ailleurs peut-être contents que vous disiez clairement que ça vous barbe, et cherchiez une autre solution : vous relayer, demander plus d'aide, tout préparer le week-end pour être tranquille la semaine, etc. Vous avez choisi (ou du moins accepté) votre responsabilité de parent – qui est de répondre aux besoins de vos enfants –, mais vous êtes libres de décider des stratégies pour le faire et d'en trouver qui répondent aussi à vos besoins, pour peu d'être prêt à procéder différemment.

J'apprends à dire non

Je protège mes besoins…

Sans être froid ni agressif, refuser d'accéder à une demande de votre enfant est sain et nécessaire lorsqu'il s'agit de préserver l'un de vos besoins sans aller à l'encontre des siens. Au contraire, dire oui alors que vous pensez non place une petite graine de tension, de ressentiment et de baisse d'estime de soi. Pour cela, utilisez vos connaissances des besoins de l'enfant pour distinguer ce qui semble important pour lui et ce qui relève plus d'une envie, puis fiez-vous à votre intuition. En dehors du cadre que vous avez instauré, il n'y a pas de règle figée. En fonction du moment et de votre ressenti, il se peut que vous disiez une fois oui à un dîner sur vos genoux et une autre fois non. La règle d'or : suivre votre ressenti et rester ouvert à celui de votre enfant.

…en respectant le développement de mon enfant

Pendant environ dix-huit mois, les bébés ont besoin d'une disponibilité permanente des adultes qui prennent soin d'eux. Pour cela, les parents se relaient, reçoivent l'aide des grands-parents, d'amis ou font appel à des professionnels (nourrice, crèche). Les enfants commencent ensuite à développer leur compréhension et leur autonomie, et il devient alors essentiel pour eux de se frotter aux limites et aux besoins des personnes qui les entourent. Commencez alors à expliquer à votre enfant que, vous aussi, vous avez des besoins dont vous voulez prendre soin. Votre enfant sera peut-être frustré pendant quelques jours, il sera peut-être plus « collé » à vous, ou vous montrera son mécontentement. Restez calme et déterminé. Rappelez-vous quelles sont vos motivations. Si vous êtes au clair avec vos pensées et vos besoins, votre enfant les acceptera d'autant plus facilement et rapidement.

Je trouve du temps pour moi

Les enfants chamboulent un emploi du temps, et c'est normal ! Où est passée cette vie où vous faisiez du yoga, cuisiniez des légumes frais, lisiez un petit roman tranquille dans votre lit et regardiez un film (en entier !) avec votre moitié ? Bonne nouvelle, même si cette vie n'a existé que dans vos rêves, il n'est pas trop tard ! Réservez-vous du temps, chaque jour : mettez votre réveil un peu plus tôt pour commencer la journée par un moment rien que pour vous, ne serait-ce que trente minutes. Essayez de faire garder vos enfants quelques heures pendant le week-end, pas forcément le soir (la soirée romantique est souvent plombée par la fatigue !).

J'explique mon refus... de façon concise

«Je ne peux pas t'emmener au parc parce que je veux vraiment passer voir mamie. Elle n'est disponible qu'à 15 heures, après sa sieste. Tu sais, elle n'est pas très en forme depuis les fêtes de fin d'année. Nous étions tous ensemble, et là plus du tout. Elle se sent très seule! C'est important de la soutenir.» POUCE! S'il est parfois utile d'exprimer vos raisons, il n'est pas utile de noyer votre enfant sous les informations. Gardez en tête que vos explications seront appréciées et bien accueillies lorsqu'elles sont demandées ou, a minima, écoutées (et c'est pareil avec les adultes!). Et si votre enfant vous bombarde de «Pourquoi?» sans même écouter la réponse au précédent, ce n'est pas parce qu'il a besoin de comprendre, mais plutôt besoin d'échange ou d'attention. Le thérapeute familial Jesper Juul conseille de vérifier ces trois affirmations avant d'apporter plus d'explications :

- ✔ Mon enfant me le demande.
- ✔ Mon explication sera sûrement écoutée.
- ✔ J'ai bien une explication!

5 étapes pour dire non de façon bienveillante

Découvrez comment dire non lorsque ses propositions ou ses demandes ne vous conviennent pas, tout en restant attentif à ce qu'il vit et en l'aidant à recevoir ce refus.

1. J'écoute d'abord (vraiment!).
→ Essayez d'écouter la demande en restant le plus ouvert possible, sans réfléchir à votre réponse avant même la fin de la question. Et sans montrer que cette demande est d'emblée désagréable pour vous (les yeux au ciel, j'en étais sûr, il me refait le coup de vouloir rester jouer au moment de partir!).

2. Je me donne un petit temps de réflexion.
→ Surtout si vous avez tendance à dire oui ou non rapidement, essayez de différer votre réponse : «J'ai besoin d'y réfléchir, je te réponds dans deux minutes.»

3. Je reformule.
→ Exprimez avec d'autres mots la demande pour montrer ou vérifier que vous avez bien compris : «J'entends que tu aimerais rester jouer et partir plus tard, juste le temps de faire de la balançoire encore une fois.»

4. Je dis non.

→ Refusez en nommant vos sentiments et besoins personnels que vous respectez en refusant. « J'aimerais beaucoup te faire plaisir et en même temps j'ai besoin de rentrer me reposer après cette journée fatigante. Pour aujourd'hui, c'est non. »

5. Je propose.

→ Faites une proposition qui montre que vous êtes concerné par ce que vit votre enfant et que vous prenez aussi en compte ses besoins : « Veux-tu qu'on vienne un peu plus tôt demain pour jouer plus longtemps ? »

Quelques astuces pour jouer avec le non

Beaucoup de non peuvent jalonner la journée d'un enfant. Il n'y a pas de quota, tout dépend de vous, de votre enfant et… de la journée ! Le constat reste que ce n'est pas très agréable de recevoir un non, alors imaginez 10 ou 20 ! Vous pouvez réserver le non clair quand vous voulez insister sur un refus. En dehors de cela, composez avec d'autres techniques de communication lorsque vous n'êtes pas d'accord.

Par ici les astuces :

- **J'informe.** Votre enfant veut commencer un nouveau jeu juste avant le dîner. Au lieu de lui dire « Non, on va passer à table ! », vous pouvez dire « On passe à table le temps d'une chanson, le plat est chaud maintenant ! ».
- **J'écoute ses envies.** « C'est frustrant de ne pas pouvoir jouer plus longtemps avant d'aller à l'école, tu en avais vraiment envie. À quoi voulais-tu jouer ? »
- **Je décris mon problème.** « J'aimerais bien jouer avec toi, le problème c'est que je n'ai pas encore fini de me préparer. Mais je pense avoir bientôt terminé. »
- **Je dis oui… à autre chose.** Au lieu de dire « Non, tu ne peux pas porter ce sac de courses », je réponds « Tu peux prendre ce sac de courses-là ! ».

Quand je culpabilise…

Et parfois pointe le sentiment de culpabilité. Vous vous en voulez d'avoir refusé, d'avoir autorisé, ou encore de n'avoir rien fait. Vous pouvez vous sentir coupable en pensant qu'il y a une bonne façon de faire, un bon choix, un idéal que vous avez manqué. Comme vous l'avez vu, la communication bienveillante vous invite à mettre de côté les idéaux collectifs pour prendre vos décisions en fonction de votre propre ressenti. Adieu donc la culpabilité par comparaison ! Lorsque vous vous sentez coupable, cherchez les raisons en fonction de vos besoins et de vos valeurs. Pourquoi auriez-vous aimé réagir autrement ? Quel besoin n'avez-vous pas respecté ? Avez-vous fait quelque chose qui puisse nuire à votre enfant, à votre relation, à vous-même ? Vous pouvez alors vous remettre sur vos rails et agir de la façon qui vous semble juste. Et surtout vous pouvez dire à votre enfant que vous auriez aimé agir autrement à ce moment-là.

J'entends ce qui se cache derrière un non

À l'inverse, il n'est pas toujours facile d'accepter ou d'accueillir le non de votre enfant ou de vos proches. Pourtant, c'est aussi leur façon de dire oui à leurs propres besoins. Quand vous entendez « non », vous pouvez sentir le mordant du rejet ou de l'opposition. Surtout si l'autre ne prend pas le temps de ménager vos sentiments, comme vous venez d'apprendre à le faire. Vous pouvez néanmoins sortir de cette situation inconfortable en vous interrogeant sur ses motivations profondes. Portez votre attention sur ses besoins ou ses raisons afin de comprendre son refus. Ainsi, votre enfant ne veut pas s'habiller. Vous pensez qu'il le fait exprès pour vous ennuyer ou se faire remarquer… Et si vous lui demandiez s'il préfère un autre vêtement, un câlin ou un petit déjeuner d'abord ? Souvenez-vous que des choix limités sont plus adaptés aux petits, et aussi qu'il est rare d'obtenir une réponse satisfaisante à « Tu sais dire autre chose que "non" ? ».

Je trouve du soutien

Je remplis mon propre réservoir

Vous êtes celui ou celle qui peut remplir le « réservoir d'amour » de votre enfant dès qu'il se vide. Mais le vôtre, qui vous aide à le remplir ?

En vous accordant de l'empathie, en étant avec votre enfant, il se remplit parfois suffisamment, et parfois, ce n'est pas assez. Le Dr Lawrence Cohen propose un moyen simple, mais pas toujours facile à trouver : avoir quelqu'un qui vous écoute. Quelqu'un qui vous laisse fondre en larmes, exprimer vos peurs, éclater de rire, qui est attentif sans chercher à vous conseiller immédiatement. Ça peut être difficile pour les personnes qui n'ont pas bénéficié elles-mêmes de ce type d'écoute (pas forcément évident ou naturel). N'hésitez pas à expliquer que vous aimeriez vous exprimer sans être interrompu ni redirigé sur ce que vous devriez penser ou ressentir, mais simplement écouté. Vos proches seront sûrement ravis d'avoir aussi, en retour, votre écoute sincère et accueillante.

J'échange avec d'autres parents

Parfois, la crainte d'être jugé peut vous empêcher de partager vos expériences avec d'autres parents. Mais en restant superficiel et en ne montrant que vos meilleurs côtés, vous vous renfermez. Au contraire, partagez sincèrement, vous vous rendrez compte que beaucoup de parents rencontrent les mêmes difficultés, doutes et interrogations. Si vous êtes habitué aux conversations plutôt légères autour de la parentalité (attention, sujet épineux !), voici quelques questions que vous pouvez soulever avec vos proches et d'autres parents.

- Quels souvenirs avez-vous de votre enfance à l'âge qu'a votre enfant aujourd'hui ?
- Ces souvenirs vous aident-ils à mieux comprendre votre enfant ?
- Qu'espérez-vous pour vos enfants ? Qu'est-ce qui vous tient vraiment à cœur ? Les laissez-vous aussi nourrir leurs propres rêves ?
- Qu'est-ce qui vous plaît le plus dans votre rôle de parent ? Racontez quelques-uns de vos moments de gloire !
- Que trouvez-vous le plus dur dans votre rôle de parent ? De quoi avez-vous honte, au point d'avoir peur de le confier à quelqu'un ?

Vous verrez qu'il y a beaucoup moins de parents « modèles » que vous ne le croyez. Et cela vous aidera aussi à prendre un peu de recul par rapport à votre rôle de parent.

Je trouve des personnes qui partagent mes valeurs

Des avis sur la façon dont vous devriez communiquer (et plus largement éduquer) ; il y en a autant que d'individus sur terre. Comme tout autre sujet, vous trouverez des personnes de votre avis, d'avis différent, ou d'autres que le sujet n'intéresse pas. Et tant mieux ! Mais si vous avez parfois du mal à vous écouter, à affirmer et oser suivre vos envies, vous trouverez un précieux soutien en partageant vos expériences avec des parents qui voient les choses comme vous et partagent les mêmes valeurs. Peut-être avez-vous déjà la chance d'être entouré de telles personnes dans votre cercle familial ou amical. Si ce n'est pas le cas, vous pouvez facilement trouver des groupes de partage sur les réseaux sociaux ou via des associations (notamment de Communication NonViolente®, voir p. 91), ou même créer des communautés de partage et de soutien. Une seule personne soutenante peut suffire à vous insuffler la force de continuer dans le sens qui vous semble juste et bon pour vous et votre enfant.

Conclusion

Être parent demande un courage remarquable. Celui de chercher en continu l'équilibre, qui se redéfinit sans cesse, entre votre enfant et vous. Celui de créer le meilleur des chemins possibles pour l'aider à grandir. Celui de vous remettre en question et de grandir avec lui. Votre communication participe à cet équilibre et renforce ce lien unique qui vous unit. Elle peut sembler superficielle ou futile, mais vos mots et vos intentions sont des fenêtres, de précieuses voies vers ce que vous voulez partager avec votre enfant. Plutôt que d'empêcher, de pousser, d'inciter, la communication bienveillante vous invite à vous ouvrir, à accueillir, à respirer. J'espère que ce livre vous aidera à dire ce qu'il se passe en vous et ce que vous aimeriez, à accueillir ce que ressent votre enfant et ce qu'il souhaiterait, et à profiter du plaisir irremplaçable de partager et de vous rencontrer, entre deux êtres humains, en toute sincérité, en toute vulnérabilité.

Bibliographie

- Céline Alvarez, *Une année pour tout changer et permettre à l'enfant de se révéler*, Les Arènes, 2019.
- Lawrence Cohen, *Qui veut jouer avec moi ?*, trad. Marie Boudewyn et Isabelle Filliozat, Jean-Claude Lattès, 2013.
- Priscilla Dunstan, *Parler le langage sensoriel de votre enfant*, trad. Isabelle Crouzet, Jean-Claude Lattès, 2017.
- Adele Faber et Elaine Mazlish, *Parler pour que les enfants écoutent, écouter pour que les enfants parlent*, trad. Roseline Roy, Aux Éditions du Phare, 2016.
- *Parents épanouis, enfants épanouis. Votre guide pour une famille plus heureuse*, Aux Éditions du Phare, 2014.
- Joanna Faber et Julie King, *Parler pour que les tout-petits écoutent*, Aux Éditions du Phare, 2018.
- Isabelle Filliozat, *Que se passe-t-il en moi ?*, Jean-Claude Lattès, 2001.
- Carlos González, *Serre-moi fort, Comment élever vos enfants avec amour*, trad. Violaine Bideaux, Le Hêtre-Myriadis, 2018.
- Catherine Gueguen, *Pour une enfance heureuse*, Robert Laffont, 2014.
- Rosa Jové, *Dormir sans larmes*, trad. Béatrice Dunner, Les Arènes, 2017.
- Jesper Juul, *Cinq piliers pour une vie de famille épanouie*, trad. Sabine Wyckaert, Marabout, 2019.
- Maria Montessori, *L'Esprit absorbant de l'enfant*, trad. Georgette J.-J. Bernard, Desclée de Brouwer, 2010.
- Marshall B. Rosenberg, *Élever nos enfants avec bienveillance*, trad. Farrah Baut-Carlier, Jouvence, 2007.
- *La Communication NonViolente au quotidien*, trad. Simone Mouton di Giovanni ; révisée par Anne Bourrit et Godfrey Spencer, Jouvence, 2003.
- *Les mots sont des fenêtres (ou bien ce sont des murs), Initiation à la Communication NonViolente*, trad. Farrah Baut-Carlier, La Découverte, 2016.
- Tina Payne Bryson, Daniel J. Siegel, *Le Cerveau de votre enfant*, trad. Caroline Delporte, Les Arènes, 2015.
- Charlotte Uvira, *Parentalité affirmée*, Happyologie, 2018.
- Anne Van Stappen, *Petit Cahier d'exercices de Communication NonViolente*, Jouvence, 2015.

Toile à idées : partager, s'inspirer ou trouver du soutien

Voici une petite liste non exhaustive de sites et blogs qui pourront vous accompagner sur le chemin de la communication bienveillante avec votre enfant.

Le site de l'auteure : www.lauraschaffner.com

Autour de la communication bienveillante :

- Apprendre à éduquer : apprendreaeduquer.fr
- Apprentie Girafe : http://cnv-apprentiegirafe.blogspot.com
- Le site français des formateurs et formatrices certifiés en Communication NonViolente® : https://www.cnvformations.fr
- Association pour la Communication NonViolente® : www.cnvfrance.fr
- Groupe de Communication NonViolente® : www.facebook.com/groups/cnvfr
- Isabelle Padovani : www.club-cnv.com

Autour de la parentalité bienveillante

- Cool parents make happy kids : coolparentsmakehappykids.fr
- Parents et enfants épanouis : parentsetenfantsepanouis.fr
- Isabelle Filliozat : www.filliozat.net
- Famille Epanouie : www.famille-epanouie.fr
- Réseau fAMilles : sur instagram @reseaufamilles

Sources d'inspiration

Voici quelques pensées qui vous donneront peut-être des ailes ou des frissons. Laissez-vous porter !

« On a le choix dans notre vie entre être heureux et avoir raison »,

Marshall B. Rosenberg.

« Si on montrait aux parents ce que leur enfant a en propre, ils auraient moins de possessivité ; ils auraient moins la tentation de juger l'enfant par rapport à ce qu'ils sont eux-mêmes et à ce qu'ils en attendent. Ils seraient plus enclins à admettre que cet enfant se conduise d'après ses propres affinités en lui donnant l'opportunité de rencontrer des gens comme lui »,

Françoise Dolto.

« C'est dangereux d'enseigner à un enfant qu'il n'a pas d'autre choix que de faire ce qu'on lui dit »,

Marshall B. Rosenberg.

« Être différent n'est ni une bonne ni une mauvaise chose. Cela signifie simplement que vous êtes suffisamment courageux pour être vous-même »,

Albert Camus.

« Il y a une force plus belle que la pensée, ce sont toutes les pensées, toutes les forces, tout un avenir dans une émotion partagée »,

Honoré de Balzac.

« Notre vie est devenue une course à la sécurité et à devenir des bonnes personnes, on en oublie de vivre et de jouir de la possibilité de ses sens. C'est là que je n'ai plus envie de devenir une bonne personne, car la bonne personne en moi est fonction de la mauvaise, et vouloir éradiquer le mal en moi est, *in fine*, le désir d'éradiquer le bien, donc de mettre fin à ma propre expérience »,

Franck Lopvet.

« Naît-on deux fois ? Oui. La première fois, le jour où l'on naît à la vie ; la seconde fois, le jour où l'on naît à l'amour »,

Victor Hugo.

Remerciements

À Clara, merci de m'avoir donné la chance extraordinaire d'être ta maman et de grandir ensemble. À Peter, merci pour ton amour, ta sincérité et la confiance que tu me portes. À mes parents, merci pour tout ce que vous m'avez appris et donné. À Claire, merci pour ton soutien inconditionnel et bienveillant. À mes proches, merci pour toutes nos émotions partagées.

Découvrez tous nos cahiers pratiques et notre catalogue sur :
www.solar.fr

MON P'TIT CAHIER
ZÉRO CHARGE MENTALE
SOLAR

MON P'TIT CAHIER
SOMMEIL
SOLAR

MON P'TIT CAHIER
OBJECTIF
ZÉRO EMPREINTE
EN FAMILLE
SOLAR

MON P'TIT CAHIER
YOGA POSTNATAL
SOLAR

MON P'TIT CAHIER
SOINS AU NATUREL
SOLAR

MON P'TIT CAHIER
SOPHROLOGIE
SOLAR

MON P'TIT CAHIER
MATERNAGE
SOLAR
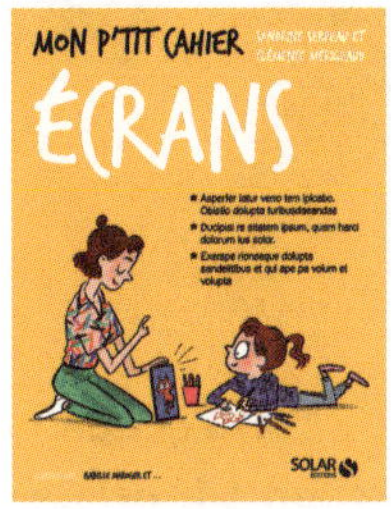
MON P'TIT CAHIER
ÉCRANS
SOLAR

MON P'TIT CAHIER
PEURS
SOLAR

MON P'TIT CAHIER D'ACTIVITÉS
PARENTALITÉ LUDIQUE
5-8 ANS
MANDALA
SOLAR

MON P'TIT CAHIER D'ACTIVITÉS
PARENTALITÉ LUDIQUE
3-6 ANS
MONTESSORI
SOLAR

MON P'TIT CAHIER D'ACTIVITÉS
PARENTALITÉ LUDIQUE
4-8 ANS
MERCREDI APRÈS-MIDI
SOLAR

MON P'TIT CAHIER D'ACTIVITÉS
PARENTALITÉ LUDIQUE
4-8 ANS
JOURS DE PLUIE
SOLAR

Direction : Jean-Louis Hocq
Direction éditoriale : Marion Guillemet- Bigeard
Édition : Bérénice Taveau
Correction et relecture : Cécile Thomas
Conception et mise en couleur de la couverture : Stéphanie Brepson
Mise en pages : Nord Compo
Fabrication : Laurence Duboscq

MIXTE
Papier issu de sources responsables
FSC® C003309

ISBN : 978-2-263-17118-5
Code éditeur : L17118
Dépôt légal : août 2020
Imprimé en France par Imprimerie de Champagne

SolarEditions
solar_editions

Solar, un département d'Édi8
92 avenue de France
75013 Paris